キリストとテンプル騎士団

スコットランドから見たダ・ヴィンチ・コードの世界

エハン・デラヴィ

明窓出版

協　力

INTUITION

This book is dedicated to MARY MAGDALENE

本書をマグダラのマリアに捧げる

まえがき

本書は、２００４年と２００５年に行われた、私の2回の講演が基になっています。それらは、「Intuition」の澤野大樹氏により主催され、５０～６０人という少人数の前で開かれました。今までに撮られた内容の深いビデオとＤＶＤは、今や国内だけにとどまらず、海外でも、興味を持つ人々によって、鑑賞されています。

本書は、これらの講演から直接文章となって起こされていることで、頭で考えたことを手で書いた本よりも、思った以上に受け入れやすい形になっています。

あるグループの人々に向けて話をする時は、本を書く時とは違って、人々の顔を見ることができますよね。もし、聴衆が話を理解できていない場合、人前での講演に慣れている人なら、すぐにそれが分かるでしょう。

その時は、もっと理解されやすい形に直してから、やり直さなくてはいけません。私はしばしば書いていることが難しくて分かりづらいと言われるので、本書にはそうした問題がないことを期待しています。

どうぞ、本書を、頭で読むと同時に心で読んでください。そして読んでいることとの重要性を本当に感じてみてください。なぜならば、私たちの過去についてもっと多くのことを見つけるのに、また、過去からのこだまを受け取るのに、今こそこれまでになく、とてもタイムリーだからです。

私たちは、数百年や数千年昔に起こったことを正確に知ることは、決してできないでしょう。

西暦4000年に、未来の考古学者や歴史家たちが私たちの時代についてふり返り、話しているところを想像してみてください。たとえば、もし彼らが、世界貿易センターへの攻撃という一つの出来事にフォーカスしたところ、全く違った2つの見解を見いだしたと想像してみてください。彼らは、それら一連の出来事を、2012年に起きたとんでもない地球変革にも、なんとか残った2台のコンピューターの、ハードディスクに発見するとしましょう。その内の1台は、ダマスカスで言語学の研究をしていたシリア人の教授のものだったとします。そしてもう1台は、それがテロ攻撃と呼ばれていた時期に敷かれていた政治体制の、忠実な支持者であるニューヨークの配管工のものだったとしましょう。

その配管工は、アルカイダと呼ばれるグループが、いかにしてこの恐るべき殺戮を行ったかについて、インターネット上の何百もの情報を集めていました。

ダマスカスの教授は、広く読まれている新聞から得られた疑わしいデータを合理的に選別し、配管工の情報は、明らかに誤っているということを明確にその時代のコンピューターに入力していました。その攻撃については、少しではありましたが他の証拠もありました。2000年前の攻撃という一つの場面ではあっても、ペンタゴンには、飛行機、死体、荷物などといった残留物がほとんどなかったという内容です。証拠のほとんどは、とにかく隠蔽されてきました。

しかし、西暦4000年の歴史家たちはまだ、一つの出来事に関する2つのまったく異なった「説」をなんとかまとめようと、一生懸命研究していました。

彼らは、両方の話には同じだけの優位点があり、それらは同じソースから出ている可能性さえあると結論づけました。

人々を分裂させることは、2000年代の主要な動きでした。彼らはそれを、「分裂と征服」と名付けてさえいました。支配者として迷いが出た時は、人々の間に混乱を生まなくてはいけません。それが、古代における権力社会の罠なのです。

本書の目的はただ一つです。それは、主題がとてもよく知られている宗教的な人物についてであるにも関わらず、宗教的な目的ではありません。目的は、みなさんの古代の記憶を新たにすることなのです。では、その記憶はどこにあるのでしょう？　それは、みなさんのＤＮＡのライフコード深くに刻みこまれています。

しかし、自らの精神力のみでは、それを活性化することはできないのです。みなさんはそれを感じる必要があります。ハートの底から感じることで、過去に繋がることできるのです。

みなさんは、ある場所を訪れて、突然理由もなく寒気に襲われたことはないですか？　そんな時、感情は突如として変化します。悲しく感じたり、寂しく感じることもあるでしょう。こういった現象には、説明のつけようがないのです。その寸前までは、例えば仕事について真剣に考えていたかもしれませんが、でも、心は突然に、頭がしうるコントロールから外れ、その場所に関する情報を送り込むのです。

私たちが、キリストが実際に復活したかどうかを証明できなくても、それは問題ではありません。マグダラのマリアがキリストの妻だったかどうかで、変わるものはなにもないのです。

しかし、みなさんがそれをどう感じるかによって、違いは生じます。何百万人ものクリスチャンとテンプル騎士団と神秘主義者たちが、この人物について「感じた」ことで、喜んで死んでいっています。

たいていの人々は、感情的になりすぎることを非難し、それは明らかに問題である、というでしょう。

しかし、真実の感情や、存在するだけで他者の心を変えるような情熱の強大なパワーなしでは、私たちの現代の世界は、感情は「民主化」されてしまい、コンピューターのようになる運命にあるかもしれません。

私たちは、これ以上論理的にならずに、もっともっと深く感じる必要があります。ほとんどの人は心から湧き出るものをかろうじて感じているだけです。それを、いかにもすべてを感じきっているように思い込んでいるだけなのです。テレビのニュース報道で、どんなに悲惨な破壊をリアルタイムで見ようとも、私たちはそれを深くまで感じることはめったにないのです。感情的にある意味でマヒしています。

しかし、本書のテーマである時代の人々は、まったく違ったところにいたと私は思います。彼らには電気はありませんでした。長い間を暗い中で過ごしたのです。それで、一人ぼっちの時間がたくさんありました。そのおかげで、もっとずっと発達した心を持っていました。

私たちは、ともすれば彼らよりずっと進んでいると思いがちです。私たちは、国際連合で皮の椅子に座って、なんの罪もない人々に爆弾を落としたり、数千人もの人々に怪我を負わせ手足をなくさせたり、家族の絆を完全に壊したりすることに、きわめて穏やかに同意するほど、論理的になってしまっています。

私はイラクの罪もない人々の家のシャンデリアが破壊され、自分の母親の脳味噌がぶら下がっているのを、またそうした何千もの惨事のどれか一つでも、実際に見たらどのように感じるかを、政府の代表者たちに体験させるような機械が発明されたらよいとさえ思うほどです。

そして、彼ら代表者たちがその後も同じように、国々を侵略することを簡単に決断できるかどうか、見てみたいものです。

心を失いつつある人類の問題は深刻です。

私たちが日々、失いつつあるものは正義からくる深い情熱です。

本書の話のテーマは、人の心に深く根づくパワフルな信念についてです。ここにある情報は科学的な手法で証明されはしませんが、たいへん信頼性が高いというのが私の意見です。

証明することなど無用です。実際に感じとることができ、みなさんをより強くするのを助けるでしょうか？　それは、みなさんを暗い夜から抜け出させるでしょうか？

私は心からそう願っています。そのために、精神を開いた状態で、想像力を常に働かせて、心を込めて本書を読んでください。

キリストとテンプル騎士団の真実の秘密である、心と精神を開かせるのは、想像力に他ならないのです。すべての錬金術の基となっているのは、想像力なのです。

私たちは、この惑星において精神的なエントロピーがどのように意識や進化のゴールドになるかを、早急に理解することが必要です。

それは、たった今始まります。それは、あなたとともに始まるのです。

エハン・デラヴィ

三田《さんだ》にて　２００６年１月３１日

目次

秘密結社の系譜―テンプル騎士団の秘密
～アヌンナキの血脈の正体

キリストの精神分析と錬金術

本編は、私が2005年に行った講演が基になっています。

本編の読み方

過去を知るのはどれほど難しいことでしょう。マリアの失われた鍵の話——私たちはどれほど見当違いの場所を見てきたことでしょう。

どこを見るべきか？　みなさん自身のハートの中です。

誰も過去に対しての独占権を持っていませんから。

History= A belief in the past

はじめに

本編では、有名な一人の人物について書かれており、また、彼が私たちの現代の世界にどのような影響を与えているかを、様々な観点から見ています。これらの主題は、古代エジプトや偉大なるファラオの錬金術の研究所から、鬱を治すこともできない、現代の精神分析医の限界まで私たちを連れていくでしょう。

みなさんは、それを理解するのに宗教的である必要はありません。なぜなら、それは宗教的な人物についてではなく、革命的な一人の人間についてだからです。たいへん高いレベルの意識を持った男性や女性は、より低いレベルの意識を持つ人々よりも、混乱しやすい傾向にあります。

それを理解するためには、ただ、「ガンジー」の映画を観るだけでよいのです。その中にみなさんは、みすぼらしいインド人の法律家が世界でももっとも大きく、強力な帝国に挑み、打ち勝つのを見るでしょう。暴力の代わりに平和を、侵略の代わりに理解を、もっとも重要なことは、へりくだる代わりに尊敬を選んだことで、彼は勝利したのです。

Data File No.1

さなぎから蝶へ

デヴィッド・R・ホーキンズ　David R. Hawkins

POWER vs. FORCE

パワーか、フォースか
（日本語版）

レベル	数値	関係する感情
悟り	700-1,000	言語に絶する
平和	600	至福感
喜び	540	落ち着き
愛	500	敬意
論理	400	理解
受け入れ	350	許し
意欲	310	楽観
中立	250	信頼
勇気	200	肯定
プライド	175	軽蔑
怒り	150	憎しみ
欲望	125	切望
恐怖	100	不安
悲惨	75	後悔
無感動	50	絶望
罪悪感	30	責める
恥	20	屈辱

パワーは「人間に内在する真実の力」、いっぽうフォースは「権力など偽りの力」を表している。

ホーキンズ博士は本書の中で、人間の意識をはじめあらゆるものの「力」を測定するバロメーターを発明した。

それは筋肉反応テストを使った、科学的な測定方法である。

左の表は「意識のマップ」と呼ばれるバロメーターである。

数値200がパワーとフォースの境目であり、それ以上はパワー、下はフォースである。

イギリス人は、この小さなほとんど無名の男が浮上してきたことが、まったく理解できませんでした。

彼は、まさしくイギリス人たちを出し抜いたのですが、同時に、彼らの理解のレベルを超越していました。なぜなら彼らは、フォース（権力・支配力など）しか理解できていなかったからです。

ガンジーにはパワーがありました。彼は、国の独立は、奴隷の支配者との取引ではなしえないことを知っていました。（パワーとフォースの違いについて、詳しくは「パワーかフォースか」〈デヴィッド・R・ホーキンズ著　エハン・デラヴィ訳・三五館〉参照）

腹を立てたイギリスの指導者たちは、ガンジーに何が欲しいのかを尋ねました。彼は事もなくこう言ったのです。「今すぐにインドから立ち退いてほしい」と。

イギリス人は、インドが「彼らの」国であるということを認めるには頭が固すぎました。ただインドを離れるという考えは、彼らの頭の中の計画には、まったくありませんでした。

ガンジーには、文字通りたった一人の男が何千万もの人々をうち負かすことができたイギリス帝国全体よりも、もっとずっと高い意識のレベルがあったのです。日本にも、みなさんが見つけられるたくさんの例があります。坂本龍馬の影響を考えてください。空海について、考えてみてください。

こうした人々は、私たちの世界を勝手にあやつろうとしているジョージ・ブッシュやトニー・ブレアのような指導者がいる地球から、永遠に離れていったように思えます。

何が起こったのか？　なぜ、私たちはこんなにも愚かでなまけものになってしまっているのか？　なぜ、戦争やお金の上に成り立っている独裁者の、わざとらしい罠が分からないのでしょうか？

私には、そういった偽の情報が、無価値な苦しみの長い道のりが終わりに近づいてきているサインに思えます。

私たちが叡知がなく、平和でさえもない中で育ってきたため、その苦しみは無価値といえます。私たちは、ただ単に眠りつづけていて、今や、２１世紀の民主的な市民として賢くふるまっている夢を見ているだけなのです。

Data File No.2

2001年9月11日 物理学に従わないイベント

2001年10月から、エハン・デラヴィは講演会にて“偽りのテロ”について、何度も説明してきた。その内容は今となっては、米国にて真剣に、そして公の場で議論されるようになった。

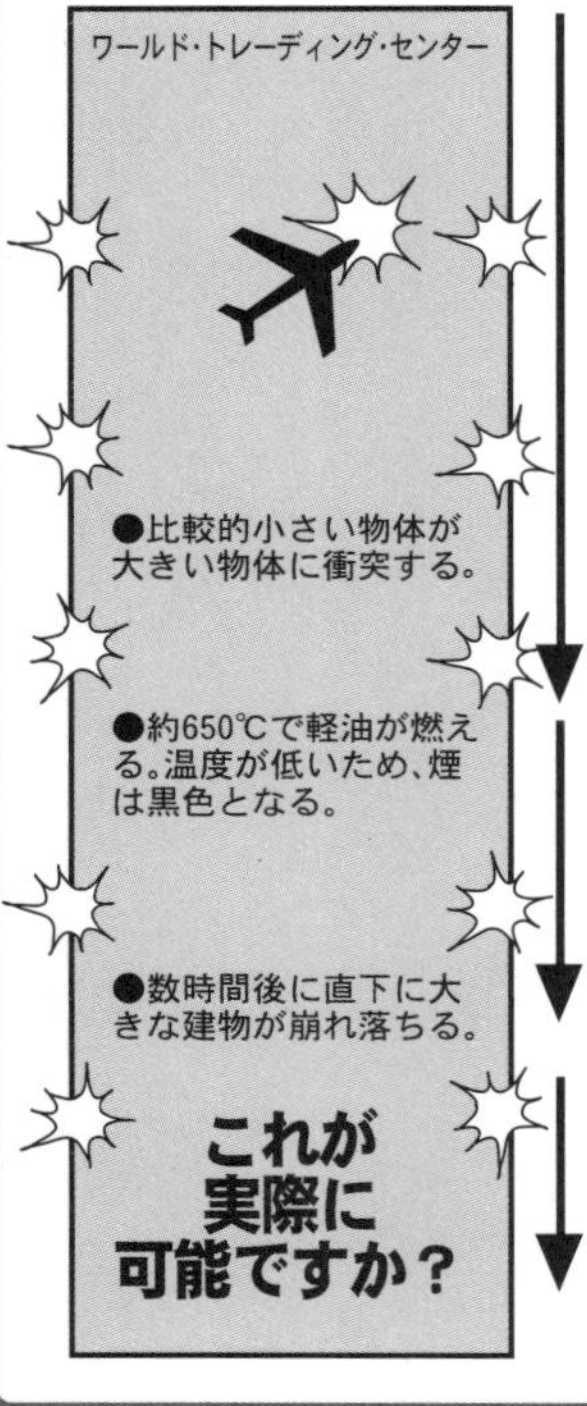

ワールド・トレーディング・センター
●比較的小さい物体が大きい物体に衝突する。
●約650℃で軽油が燃える。温度が低いため、煙は黒色となる。
●数時間後に直下に大きな建物が崩れ落ちる。
これが実際に可能ですか？

各国政府が説明した反物理的なポイント

●ＷＴＣの鋼鉄フレームを溶かすには最低でも2000℃が必要である。

●2000℃であっても数日間が必要である。以前にも火事の例は多くある。

●鋼鉄フレームが溶解したとしても、建物は横にバラバラに崩落する。

●消防隊へのインタビューでは、彼らは「上下に爆発音があった」と語った。

●そのような音は、上下に設置された爆弾の音だと思われる。

●古い建物を壊す専門の会社では、その方法のことを「コントロール・デモリション」と呼ぶ。

●事前に取り壊しの爆弾を設置するためには、ＷＴＣへのフリー・アクセスが必要である。

●イスラムのテロリストは、爆弾設置のためにＷＴＣに何度も出入りすることは不可能と考えられる。

KEY WORD＝CONTROLLED DEMOLITION

なんてお笑い草なのでしょう！　なんて、喜劇的なのでしょう！

私たちは、テレビで観る（世界貿易センターのテロ攻撃）単純に制御された、爆弾による破壊でさえ、その真相を見抜くことができないのですから。

私たちは、支持率があまりにも低くなった時に、ビデオを使って敵を作り出すような「指導者たち」の、バカバカしい行動も見極めることができないのです。

ブッシュ政権は支持率が下がると、ビン・ラディンのオーディオテープやビデオを国民に流しているというようなことです。

私たちはあまりにも愚かで、それは今や悲劇的なおかしさにまでなってきています。

しかし、これは終わらせなくてはなりません。私たちは、かしこい助言を必要としています。助けが必要です！　キリストやテンプル騎士団といった、私たちを助け出してくれる古代の達人たちの本当の思想が今こそ必要な時なのです。

そこで私は、みなさんの過去についての見方を変え、これからの未来をいかに生きるかのヒントが、みなさんのいう希望となることを願って、本書を世に出したのです。

どうぞ、本書に用意された「時空を超えた旅」を楽しんでください。

そして、その旅が終わったあと、おそらくみなさんもまた、すでに私たちみんなの脳にセットされている目的のために、人間の最大の想像力を使う、本当の錬金術師になることでしょう。

これこそが、私たち人類の創造力を次なるレベルに意識的に進化させることになるのです。

三田にて
2006年2月6日

Religion has been a most wonderful failure on earth. Why ?

キリスト教の今

今回は非常に有名な方のお話をさせていただくので、ちょっと、恐縮していま す。恐らく、世界で一番有名な人物ではないでしょうか。

その方はイエス・キリストですが、彼に関してこれまでに書かれた本は、何十 万部でしょうね。イエスの伝記の数を数えるだけでもたいへんです。

そして、世界の人口の五分の一は、クリスチャンなのです。

現代は、宗教の意味が問われている時代ですね。

みなさんはご存じないと思いますが、先日のBBCのホームページの記事によ りますと、今、ヨーロッパでは、ほとんどの人がキリスト教に対して否定的な見 方をしています。「もうイイ」「もうゴメン」という感じになってきています。

例えば、政治家のスピーチで、その国の文化的な話をする時でも、キリストと かキリスト教の話は出てきません。キリスト教に対しては「もうゴメン」、そうい う世界になりました。それが、現代のヨーロッパなのです。

クリスチャニティーの歴史は、ヨーロッパが最も古いわけですが、一方で、最も新しいのがアメリカですね。そのアメリカは、今、キリスト教に対する感覚が、ヨーロッパとは正反対になってきています。

キリスト教原理主義の代表となった、ネオコンを代表するともいえるブッシュ政権は、国会のスピーチをする前に、バイブルを手にお祈りをしたりしています。ヨーロッパとは１８０度、異なっている世界なのです。

同じ欧米人でもヨーロッパ人は、聖書の内容のような古い話は、「もういらない」「信じない」というように、非常に極端な差があります。

実際、キリスト教は、宗教として今どこで一番支持されているか、また新しい信者が生まれているかというと、それは白人の国ではなくなっているのです。ナイジェリアとか、アフリカの非常に貧しい国とか、中南米などの国でしかアピールできない世界なのです。ということは、キリスト教の世界ではたいへんな変化が起きてきていることが分かりますね。

進んでいるキリスト教の研究

このところ、世界のキリスト教の研究者たちが情報を交換することで、何が本当の歴史的なファクト、真実であり、何が神話なのか、などが問われつつあります。今はインターネットがあるので、そんな情報がものすごくたくさん出てきています。

例えば、誰かが今日からクリスチャンになろうとしてネットで情報を得ようとすれば、たぶん、かなり混乱するだろうということですね。今から十年前と比較してみても、キリストに関しての研究、情報の文献は格段に増えています。そのすべてを読もうとしたら、数百年もかかるぐらいの量です。

こうした状況は、昔とは大違いです。二百年前や三百年前にはほとんど情報がありませんでした。だから、大きな権力を握っている教会の神父さんが、ある話をしたとしますね。その人の背後には、数百年分の歴史と文化的な背景があるので、自信を持ち、権威を露わにして「こうだ」と断言できるのです。すると、聴衆も「なるほど解りました。信じます」となるんですね。
しかし現代は、ありとあらゆる情報があるので、なかなかすんなりとは信じることをせず、簡単には信者になりません。今と昔では情報の量がぜんぜん違うのです。

私自身は、宗教家ではありません。私はどの宗教にも、所属していません。政治システムにしろ、文化システムにしろ、どこにも私は所属していません。だって、日本でずっと生活している、ガイジンの日本外生命体ですから。(笑)
どこの宗教にも所属していませんが、キリストという人物が二千年間も変わらずに有名であったことについては、普通に考えれば何かがあると言えるでしょうね。

今の有名人、例えばビートたけしさんにしても、ブレア首相にしても、あと百年もすれば、みな、忘れられているでしょう。間違いなく忘れられています。
それなのに、二千年も前の人物が、今日《こんにち》でさえ、映画になったり本になったりしているのには、何かの理由があるに違いないのです。

仏陀もそうですね。仏陀もキリストと同じく、すごく有名ですね。あの人物が言ったことが何千年間も残るということ。これは注目に値しますし、研究、勉強すべきだと私は思います。

私はスコットランド人ですので、文化的にはもちろんキリスト教です。カトリックの家に生まれた私は、ちゃんと洗礼も受けていますが、でもそれで終わりだったようなものですね。教会では、何も教えてくれませんでした。

主である、マスター、キリストの教えについて、具体的な話や日常生活に役立つようなことをほとんど言わないのです。ただ、「信仰しなさい」。毎週、日曜日に教会に行けばOKだというのです。

極端に言えば、洗礼を受け、それだけで人が救われたということになってしまうのです。

「それはちょっとないでしょう？　そんな簡単なものではないでしょう？」ということで、私はこの十年間、いろんな観点からキリストの研究をしてきました。その分野は多岐に渡っています。例えば、カトリックの分野だけではなく、グノーシス教やロシアなどの東欧正教なども含まれています。

「マスター・オブ・マスターズ」（至上のマスター）

今回、みなさんに提供する情報の一つのポイントは、ある本の出現です。実はこの本はまだ欧米では出版されていません。タイトルは「マスター・オブ・マスターズ」ですが、マスターの中のマスターということですね。すなわち至上のマスターという意味です。

作者はブラジル人なので、原文はポルトガル語ですが、ブラジルで大ヒットして、絶頂期には、毎月9万部も売れていた本なのです。

でも、売れた理由は、ブラジルがクリスチャンの国だからではないんです。読んでいる人はクリスチャンではなく、教育家、心理学者、科学者、ヒーラー、ドクター、そういう人たちが読んでいる本なのです。

なぜなら、この本を書いた人が、宗教家ではないからです。実は正反対ともいえる、バックグラウンドをもった方なんです。著者は、ブラジルで一番の精神分析家で、心理学者なのです。

名前は「アウグスト・クリ博士」ですが、今、彼はブラジルのサンパウロにて「知性のアカデミー」という機関を使って、幅広い人々にどのようにして人間の知性を、最も効果的に、フルに活かすことができるかというトレーニングやアドバイスを行っています。

そこで、いわゆる右脳開発というイメージが湧くかもしれませんが、それだけではないのです。

知性とは何かという研究をトータル的に行っている心理学者なのですが、フロイド心理学、ユング心理学を学んだ人ですので、最初から無神論者だったわけですね。だから、彼がこの本を書いた最初の目的は、実は「キリストの存在を否定するため」だったのです。

今、インターネットでキリストについてのいろんな文献や話について検索したら、中には、キリストはまったく、存在さえしなかったのだという学説まであるのです。

なぜかと言うと、今まで書かれた歴史書の中で、イエス・キリストの存在を検証できるような、聖書以外の文献が、非常に少ないからです。これだけ有名な人物であれば、彼の名前は古代の歴史的な文献の中に、たくさん出てくるはずでしょう？　でも出てこないのです。

だから、極論を言う人は、キリストは仮想人物だったというわけです。つまりあるグループによってヒーローとして創り出された、空想上の人物だということです。そして、その説を信じる人もけっこういるのです。

救世主の話や、処女によるお産とか、復活の話など、全部が作り話なんだと、浅くしか勉強しない人はそれで納得してしまうのです。「ああ、キリストはいなかったんだ」で片づけてしまうのです。

でも、もし存在しなかったとすれば、問題は、どうして二千年間もこれだけ有名な人物でい続けられたのかということですね。存在しなかったとすれば、彼を創造した連中は、異様にレベルが高かったということになるでしょう。

例えば、今、二千年間、絶対に名前が残るようなスーパーヒーローを創ろうとしますよね。どこで生まれ、どういうパーソナリティーがあって、どういうストーリーにするかをみんなで考えるとします。でもたぶん、そのヒーローは一年ももたないでしょう。そのストーリーには穴がいっぱい空くので、維持できなくなるわけです。

聖書は、常識を超えるほどのすごい教えを取り入れたりしているので、キリストが仮想人物だとすると、かなりレベルの高い人たちが創ったことになります。

例えば、アポロ11号は月に行かなかったという説があるのと同じですね。その説には、信憑性のあるデータなどがあるのですが、でも、アポロ11号は本当はちゃんと月に着地したのです。それを検証できる資料などもたくさんあるのですが、でも撮影した場所が、月面ではないということもバレてしまっているのです。あれはハリウッドではなく、ロンドンのスタジオで撮影したということなんです。月面の現場でなく、スタジオだったから、不自然な影が出ていたりするんですね。

浅くしか研究しない人は、ここで「月への着地は無かった。はい、終わり」になるのですが、本当はそうではないのです。

アポロ11号の月面着地の話には、信憑性のパーセンテージが高い情報と、ちょっとでたらめな仮想の情報がミックスされているのですね。

キリストの情報も、同じように〝thread & thrum〟玉石混淆《ぎょくせきこんこう》、混ざっているわけです。

キリストの知性を精神分析する

この本の著者は、「キリストが存在しなかった」ことを証明するために、キリストの精神分析をすればいいと考えたのです。

キリストが現在生きていなくても、その人の振るまいや言動が、福音書に記録されているのですから、ドクターとして徹底的に、それらすべての記録を分析すれば、きっと結果が得られると思ったんですね。

キリストがもし仮想人物だったとしたら、必ずどこかで引っかかるはずですから。「アッ、ここに穴があいた、だから存在しなかった」と。

すごく大胆な先生だと思いませんか？　カトリックの国で、みんなのヒーローのキリストが存在しなかったことを証明しようとして本を書こうというのですから、かなりガッツがありますよね。

もし、証明に成功したとすればたいへんな反発を引き起こすし、もしその本がヒットすれば、殺されていたかもしれません。

彼は科学者として、キリストの振るまいや発言を一生懸命、分析しました。

しかし、やればやるほど口をあんぐりと開けるほど驚いて、アゴが外れそうになるのです。ちょっと待てよ、この人はすごい人だ、こういう人は仮想では絶対に創れないと。

なぜかというと、キリストという人物のパーソナリティーが、ものすごく複雑だからです。矛盾だらけだからです。すごく人間らしいからです。

もし、仮想の人物として創ろうとしたら、スーパーマンみたいな人物になるわけですよね。スーパーヒーローだから、徹頭徹尾、ほとんど弱点がないような、完全な人物になるはずです。

でも、キリストはぜんぜんパーフェクトじゃないのです。人間の誰もが持っているような、矛盾したパーソナリティーがあるのです。

「パッション」という映画を見ましたか？　キリストは逮捕される前に、恐くなって泣きべそをかいて、いやだと言っていましたね。

なぜ、スーパーヒーローがそんなことをするんでしょう？　すごく、人間らしいですよね。このような福音書に残された数々の証拠から、キリストは実際に存在していたと、この博士は否定から肯定にシフトしたのです。

そしてどんどん研究を進めるのですが、キリストは存在していただけでなく、とてつもなく知的レベルの高い、洗練されたスーパーマスターだったのではないかという結論になったのです。

心理学者から見たキリスト像

この本はシリーズになっているのですが、全部で五冊あります。そのすべてがブラジルでは大ベストセラーになったのですが、ブラジルのマーケットは非常に小さいので、この本が欧米で出版されたら、超ベストセラーになると思います。

なぜなら、宗教的な本ではないからです。信仰に関わるようなことについては、

Data File No.3

キリストの知性を分析した精神科医 アウグスト・ジョルジェ ・クリ博士

●ブラジルで今、一番注目されているライターのひとり

●無心論者であったがキリストの知性分析をしてから大きく影響された。

●精神科医および科学者であり、数多くの著作を発表している。さらに、心理学者や、教育者などの職業トレーニングを促進する団体、知能アカデミーの創設者でもある。

●キリストの知性シリーズは５冊あり、ブラジル国内のみで、２百万部以上のベストセラーとなっている。

●本の内容は一切宗教に触れない心理学者から見たキリストの振る舞いや、キリストの伝えたことばを分析した。

●キリストの存在を科学的に否定することが目的だった。

●一冊目の日本語訳は2006年５月にサンマーク出版から刊行予定。

●日本語訳として刊行されているクリ博士の他の本は、『生きている、ただそれだけで美しい』角川書店（右図）

まったく触れられていません。彼の分析の対象は、あくまでもキリストという人物の知性なのです。どのようにして人間として、その知性を使って人々に教えたのかがポイントなのです。

心理学者から見たキリストですね。今までは、こんな本は無かったのです。キリストに関して書く人は、だいたいが信仰している人だったのです。あるいは完全にキリストの存在を否定する人ですね。

〝All or Nothing〟の世界で、極端に分かれていたのです。そういう意味では、この本は非常に注目すべきではないかと私は思いました。

ある米国のエージェントからこの本が送られてきたのですが、読んだらこれはすごいと感嘆いたしました。そこで翻訳を手がけることになりました。

この本につきましては、日本人はキリストに対して精神的な思い入れや、大きな先入観があまりないので受け入れやすいと思いますが、昨今の原理主義的なクリスチャニティーから見れば、当然、抵抗があるでしょうね。

矛盾だらけのキリスト教信仰

ブッシュ政権が良い例ですが、言っていることもやっていることも、メチャクチャです。バイブルを片手に持ちながら、イラクの無邪気な子供たちや、爺ちゃん婆ちゃんの頭の上に爆弾を次々に落としたり、テロを起こす連中は反クリスチャンだとして、殺しまくっているでしょう。あのブッシュのオッサンに言いたいのです。

何が神の許しで、何が神の愛ですか?!

僕は小さい頃からその矛盾を感じていました。日曜日に教会でみんなが神父さんからありがたく聞くお話と、月曜日から土曜日までに日常生活で織りなされていることと、ぜんぜん合わないわけです。

「なにそれ? どういうことなの?」という違和感が非常に強くありました。古くてカビ臭い建物に押し込まれて、おまけに寄付しないといけないし、だから自分はもう行かないと決めたのです。

キリストは、雲の上の存在で神の唯一の子供？「ちょっと待て」、私は三歳の頃に疑ったのです。けっこう、子供にしても鋭かったんですね。でも三歳だったから、立場的には弱くて、おまえ達の言っていることは間違っている、とまでは言えなかったのです。

でも今なら言えるから、ちゃんと本などで残したいと思っています。

今までに解ったこと、今までに研究したこと、キリストが本当にいわんとしたことと、教会の教義との大きな違いなどを。

ここで、誤解されないようにはっきりと言いますが、私はカトリック教にも素晴らしい要素もあると思っています。

例えば、カトリック教からマザーテレサのような偉大な人物が出てきています。この方は、インドの社会情勢を変えるような、素晴らしいワークをなさいました。

つまり、キリスト教には、何百万人の命を救う人物が出てくるほどの、素晴らしいシステムがあるということです。それは非常にプラスですが、でも、その宗教によるマイナス面も、たくさんあるわけです。

最近、「キングダム・オブ・ヘブン」という映画が上映されました。十一世紀のエルサレムの話ですが、すごくインパクトのある素晴らしい映画なので、お勧めします。

宗教の名の下に、イスラム教徒とキリスト教徒が、聖地エルサレムの取り合いをするバトルが何百年間も続いたという歴史があるのですが、たぶん、クリスチャニティーは、あの時代に一番権力があったのでしょう。

エルサレムを悪いイスラム教徒から取り戻すということですが、今もイスラム教徒とキリスト教徒が争っていますね。

そういう歴史が、何度も繰り返されているような気がしませんか?

彼らは、同じ問題をめぐってずっと争いを続けてきていますが、日本人にはまったく関係ないわけです。それは非常にありがたいことなのですよ。日本人は、宗教にハマっていないことを誇りに思ってください。ハマるのは良いことではないことを、解ってください。

いくらその宗教システムが素晴らしくても、遅かれ早かれ、いずれは

Gnosis : Know yourself.

Catholic : We know you better.

同じ落とし穴に落ちるということなのです。

クリスチャニティーの二つのシステム

英語にこういう諺があります。〝Every stick has two ends〟、どの棒をとって見ても、二つの末端があるという意味ですね。これを東洋思想に置き換えれば「陰陽」のことなのです。右もあれば左もある、プラスがあればマイナスがある、これは当たり前のことなのですね。

歴史の中で、クリスチャニティーに関しては二つのシステムがあったのです。一つは「信仰する」ということです。これは、あまり論理的な考えが無くても、ただ信仰するだけで神に近づけるというシステムです。

仏教にも、お題目を唱えれば救われるというのがありますが、こうしたシステムは、どの宗教にもあるわけですね。

これはオーソドックスで、公の、一般大衆に対しての宗教です。教会に行って、お祈りして、ただ単に信じれば良い、それによって救われるというのです。

それはもちろん、間違いではないんですよ。でも、条件はとても厳しいのです。よほど素直な人でなければ、とてもそんなことはできません。異常なまでに無邪気な人間でなければ、不可能だということですね。

ただ信じなさいといっても、それは無理でしょう。信じたいと思っても、だから信じられるということではないですよね。そんな簡単なことだったら、今までの宗教の問題はなかったはずです。心から信じるということが、いかに難しいかということです。

信じるということは、98パーセント信じて、2パーセント信じないということではないのです。100パーセント、まったく気持ちに陰りなく信じることです。それが本当の信仰の意味なのです。

100パーセントということになると、おそらく百万人の内、三人ぐらいしかできないでしょうね。

実際に考えてみてください。自分の周辺の人々、毎日の生活、何でもいいんです。100パーセント、信じるということ。

やはり疑問はあるし、100パーセントは信じられないでしょう。「ひょっとしたら?」と少しでも思った瞬間に、信仰ではなくなってしまうのです。

しかし、これが一般大衆に対して、もっともやさしい宗教案内の方法なのです。そしてみな、100パーセント信仰しているつもりではいても、テストされると失敗するのです。

例えば、「これからキリスト教徒を殺す。でも、キリストを信じないと言えば、助けてやる」、そういわれれば「信じない」と言うでしょう。百万人集めても、「信じている。殺してくれ」と言う人は三人ぐらいでしょうね。

信じるということは、そのぐらいのことなのです。だから難しい。

それなのに、一般大衆は宗教を受け入れて、「私の信仰は深い」という思い込みの世界に入るわけです。

「嘘をつけ。信じていないのじゃない? 試しもしないくせに、よく言うよ」と三歳の私は、周りの人を見て思っていました。波動で判っていたのです。

それに対して、真剣に物事を考え、疑う人たちは、ただ信じればよいなどということには、納得がいかないのです。ではそういう人たちはどういう道を選択するかといえば、仏教に例えれば「密教」に行くのです。一般大衆が仏教を信仰しているとすれば、それに対して密教があるのですね。

密教は修業の世界ですよね。ただ信じるだけじゃないんです。弘法大師のように毎日、徹底的に朝から晩まで修業するわけですよ。

そういうことを今の人はできますか？　できないでしょう。

だから、お寺に行って、お金を賽銭箱に落として、ハイ、終わり。お坊さんに「ウ～色～即～是～空～」ってお経をあげてもらって終わり。

それが宗教？　弘法大師のような方は、これを見て吐きそうになることでしょう。「どうなっているんだ！　俺が言ったことを、誰かやっているのか」と。キリスト教に関しても、やはりそうなのです。

つまり、クリスチャニティーにおいては、二つの側面があるのです。

今までみなさんが教えられてきたのは、大衆の宗教なのです。神の子の救世主がいて、磔になり、三日後に復活したと、これを「信じることで救われる」というのが、その大衆宗教のシステムの真髄なのです。

しかし、「そんな簡単なものじゃない。ちょっと待てよ」と疑う人は、最初からいたのです。

キリスト教の密教、グノーシス

キリスト教にも、実は密教があったのです。その密教の名前は「gnosis」（グノーシス）です。

キリスト教を「理性的、論理的に、体感に基づいて自分で確認して知る」というところが密教的なアプローチです。大衆的でオーソドックスな宗教のアプローチは、とにかく「信仰」ということですね。密教には、その信仰に対して論理性のある、具体的な修業のシステムがあったのです。

私が日本のカルチャーに魅せられたのは、まずは「禅」なのです。禅仏教は、非常に具体的なトレーニングシステムです。禅仏教では、頭から信じろという話ではないんです。

壁に向かって何十年間、座禅を組みなさいということなんです。自分を見つめろという世界です。それは何かを信仰するということではなく、具体的な修業なのです。

すごくシンプル、でもすごくシビア、すごくハードですが、結果的に悟りを開く人がけっこういるのです。

ただ、教えを聞いて分かったつもりになるということではなく、実際に悟りを開いて体感する人がいるのです。それが私には魅力的だったのです。日本にはまだこういうシステムが残っているんだと、感激したのです。世界中のどこに行っても、こうしたシステムは見あたらなかったんですね。

当時の私は、自分のルーツである西洋の伝統にも、そうした密教システムがあるということを知らなかったのです。なぜなら、ほとんど文献がなかったからです。西洋ではそういう情報を、あっても出しませんから。

出さない理由は解りますね？　情報があることが分かれば、「それは知りたいね」と、みんな興味をもつでしょう。そうすると、教会の信者の数が減ってしまうことが明らかなのです。だから、できるだけ出さないことにするわけですね。

この数十年間で解明されてきた「グノーシス」というシステムについて、お話します。

グノーシスとは、自分を知る、神を知るというものです。直接的に人間が神を知るという、「知識、認識」です。

宗教の信仰システムが無くて、直接的に、個人的に、自分の修業、自分の研究、自分の勉強を経て、大衆が称えているキリストを理性によって、合理的に知ることができるというものなのです。

高次元を体感して、間違いのないように知ること。これは信仰ではないのです。知ること、英語では「Know」ですが、「Knowledge」（ナレッジ）、知識はここからきているのです。そして、ナレッジ、イコール、グノーシスなんですね。

本当の知識とは、絶対的に知ったというリアルな体感があることです。そういうアプローチを採る人は、歴史的にも非常に少ないのですが、その基について話します。

近年発見された、キリスト意識を知るための文献

その文献の基は、1945年にエジプトのナグ・ハマディという村で発見されました。その村の周辺に、「マホメッド・アリ」という名前の、人殺しまでする泥棒がいました。この人の名は、アラブには多い名前ですね。

そのマホメッド・アリが、一メートルぐらいの高さの、古代の壺のような器を発見するのですが、その中に、パピルスのような紙などがいっぱい入っていたのです。

もちろん彼はその価値が分からなかったので、ブラックマーケットにその「パーチメント」という巻物を持って行ったのですが、その中に、コプト語（古代エジプト語の最終段階にあたる言語）で書かれた、五二種類の文献があったのです。

それを世界中の研究者が調べた結果、AD140年頃に書かれたことが解りました。140年といえば、聖書の福音書が書かれたのより、少し後の時代です。

ご存じの方も多いことと思いますが、福音書はキリストの時代に書かれたのではないのですね。キリストが亡くなってから、けっこう後になって、違う時代に

違う人によって書かれたのです。早くてもキリストがいなくなってから六〇年後ぐらいに書かれています。

例えば、今日の話を五十年後、六十年後に言い伝えたとすれば、どんなにその情報が重要だったとしても、変化しているでしょう。同様に、福音書にしても、内容が変化していた可能性があるということですね。

このナグ・ハマディから発見された五二種類の文献が書かれたのは福音書が書かれた時代なのですが、これらも、キリストについての福音書だったのです。

たぶんみなさんは、四つの福音書しか知らないと思います。「ルカ」「マタイ」「ヨハネ」「マルコ」ですね。

一般的にはこの四つしか知られていないのですが、今までに発見された福音書と思われるものは、本当は四十以上もあるのです。

例えば、ダヴィンチ・コードに登場した、「マグダラのマリア」による福音書もあるのです。他にも女性によって書かれた、とてつもない福音書もあります。「トマスの福音書」もあります。他にもまだまだたくさんあるのです。

それらが、ほとんど知られていないということの意味は解りますよね？　内容

Data File No.4

グノーシス

グノーシス主義（Gnosticism）は、1世紀に生まれ、2–3世紀にかけて勢力を持った古代の神秘思想の一つであり、物質と霊の二元論に特徴がある。「グノーシス」は認識、知識を意味するギリシア語に由来し、認識によって真の神に到達できるとした。本来はキリスト教とは独立に成立した思想であったが、キリスト教徒の中にも影響を受けるグループがあり（キリスト教グノーシス主義、グノーシス派キリスト教）、創生当初のキリスト教の正統教会（カトリック教会）からは、最も危険な異端の一つと見なされていた。また、他の宗教とも融合し、ユダヤ教グノーシス主義（グノーシス派ユダヤ教）なども生み出した。長くキリスト教の立場から異端という視点で評価されてきたが、近年ではグノーシス主義そのものを対象に思想史的に考察し、評価しようとする研究者もいる。

グノーシスの文献『ナグ・ハマディ文書』：1945年12月、エジプト南部に位置するナイル河畔のナグ・ハマディ付近で、一人のアラブ人農夫によって発見された。彼らは肥料に使う軟土を掘り出すために、ナグ・ハマディ郊外へと出かけた。そこは１５０以上の洞窟がある山で、エジプトの長い歴史の中で、墓場や修道院に使われた場所だった。そこを掘っていると偶然、赤い素焼きの壺が出てきた。中から出てきたのは、ボロボロになったパピルスの写本の束だった。ナグ・ハマディ文書には、多くの「外伝」が含まれていた。その多くは「トマスによる福音書」、「ピリポによる福音書」、「エジプト人福音書」などのグノーシス派の新約聖書である。ナグ・ハマディ文書の半分以上が、このグノーシス派の新約聖書である。

が「ヤバイ」からです。オーソドックスな教義と、まったく異なっているからです。

どちらかと言うと、それらの文献はオーソドックスなクリスチャニティーに対して、反対側の立場から見たキリストの教えです。直接的に、キリスト意識を知るための文献だといえましょう。

トマスの福音書を私はよく読んでいますが、禅仏教に近いのですね。禅の公案のようなものです。処女による誕生とか、復活の話なんかまったくありません。キリストが直接、弟子たちに語っている話がその内容で、禅問答のようなものなのです。一つ、引用します。

「イエスは言われた。『薪を割れよ、わたしはそこにいる。石を持ち上げよ、あなたはそこにわたしを見いだすだろう』」(トマスの福音書)

「私の本当の実体を知りたければ、薪を割ったり、石をどけたりすれば、そこに私のいわんとすることはあるんだよ」という意味ですが、「なにそれ？　薪の中や石の下にキリスト意識の秘訣があるだって？」

よく解らないでしょう？　でもすごく禅の公案に似ていると思われませんか。

昔、私は禅に魅かれたのですが、「禅の秘訣を知ろうと思ったら、川の流れのあっちにあるよ」と確か読んだことがあります。

この禅問答に私が出会ったのは十八歳の時でしたが、「なぜ？　なんでそこにあるの」と思ったのです。この禅問答のようなキリストの教えは、他にもたくさんあるのですよ。

なぜ、これを教会で教えてくれなかったのかと、だったら僕はわざわざ日本まで勉強にくる必要はなかったのではないかと思うわけです。

キリスト教にも密教はあったのですね。でも、このナグ・ハマディで発見された文献は、なかなか発表されなかったのです。みなさん聞いたことがあると思いますが「死海文書」もそういった文献の一つに含まれます。

陽という、目に見える仮想の次元

みなさんに知っていただきたいのは、ＡＤ１４０年頃にちゃんとしたクリスチャニティーの密教システムが確立していたということなのですが、そのシステムは二元性に基づいています。

完全な二元性に基づいている陽という目に見える次元は、仮想の次元だということなのですね。本当の次元じゃないのです。この次元は、投影されている幻の次元だということ。

例えば、量子力学者であったデヴィッド・ボームは、陽の次元を「明在系」、陰の次元を「暗在系」といっていますが、目に見えない心の世界が暗在系で、それを投影したのが目に見える物質の世界の明在系ですね。陽の次元こそ、幻の次元なのです。

我々は、この次元にハマってしまったのですね。だから本当のスピリチャルの世界を知らない。騙されているということなのです。

じゃあ、何が必要か。もっと高次元からの、本当のことが解る、本当の情報を伝えてくれる救世主が必要なのです。

これが「マトリックス」という映画が明快に教えてくれています。この映画を見たことのない人がいたら、ぜひ、十回ぐらい見てください。

マトリックスの映画は、グノーシスの話そのものです。すなわち、フェイクの次元に人間がハマったということなのです。

その映画では、悪いエイリアンみたいな存在が、人間の脳味噌の中にプログラムを組み込み、リアリティーのある幻を見せ、その幻を見ている最中の人間は本当は吸血鬼のようなコンピューターに、エネルギーを喰われているわけですね。それに気付かせるために、「ネオ」という名の主人公、「救世主」が出てくるという内容です。

あの映画が世界的にたいへんヒットしたということは、これからグノーシスの世界が復活するのではないかと思っています。映画を見た人たちは、「ああ、そういうことだったのか！」と、グノーシスを理解することができるのです。

仮想次元から脱出するために修行したエッセネ派

究極のグノーシス教を取り込んだ人には、例えばエッセネ派がいました。砂漠に存在しているエッセネ派は、男女交際はしませんでした。ものすごく厳しいルールに従って生活して、お祈りと瞑想に没頭しました。そして、表に現れているこの世は意味の無い世界だと思うわけです。

一刻も早くこの仮想次元から脱出するために、ありとあらゆる修業を行ったのですが、これは非常に極端なアプローチです。

しかし、修業というシステムは、いずれにしても極端なわけでしょ。滝に何時間も打たれるとか、千日参りとか、極端ですよね。それだけ人間が悟りを開くのは、難しいということなのです。

ただ信じただけでは、なかなか悟りを開けるものではないということですね。だから、悟りを開くためのシステムがあったということなのです。

個人、個人がちゃんと気付くためには、「今の次元が本物ではないのではないか」、という疑問がまず必要なのです。疑問が無ければ、勉強する気持ちは起こらないでしょう。ここが天国だと思ったら、何もする必要がないでしょう。

ここは仮想次元で、本当の世界とは違うのです。だから、ここから脱出しなければならないというプレッシャーがあるわけです。だから、頑張るということなのです。

秘伝研究グループにいたダ・ヴィンチ

もちろん、グノーシスの要素はオーソドックスな宗教にもあります。それは聖書なのですが、でもちょっと、意味が異なっています。

実はこのグノーシスは、ギリシャで発展するようになって、グノーシスの知識のことを「sophia」と呼ばれるようになりました。

知識を得て自分のものとして取り込み、高度な存在になるということは、ギリシャ哲学のバックグランドなのです。ギリシャ哲学は宗教ではありませんが、グノーシス的な考え方があります。だから、宗教の真髄が信仰だとしたら、グノーシス教の真髄は哲学ということですね。

グノーシスの出発点はエジプトです。このグノーシスという考え方は、エジプトから中近東を経て、後日、錬金術という形でヨーロッパに登場す

Da.Vinci was a free thinker.

るのです。

そして、グノーシスの考え方、捉え方で有名な人物は、実はダ・ヴィンチなのです。これが、ダ・ヴィンチがクリスチャニティーが大嫌いだった理由です。

彼は、教会の説く聖書が、大衆のための神話にすぎないということが解ったので、秘密主義の秘伝研究グループに所属していたのです。

当然のように既成の宗教に攻撃されて、このような人たちはみんな、「異端者」、「デビル」だということになってしまったのですが、この時代から正統と異端の争いが始まりました。

正統とされているオーソドックスなクリスチャンの世界が、ローマ帝国のパワーを背景に世界的に発展していった理由は、大衆に受け入れられやすいシステムだったからです。

教会のシステムに入るだけで、死んでも永遠の存在でいられるのだと言われ、「それはいい、じゃあ、俺もメンバーになる」と、誰もが入会するわけです。そういう活動を、先導者がするんですね。

おいしい話で誘うわけですから、誰もが入りたくなります。でも、物事を深く考える人は「ちょっと待て？」となるんですね。

その人たちは、知性が高い場合が多く、周りに対する影響力もあるので、オーソドックスなクリスチャンは、かなり理論的で説得力のある話を提供しなければならないから、たいへんだったのです。

キリストの「復活」は本当にあったのか？

正統と異端の、一番の根本的な違いはどこにあるのでしょうか。クリスチャニティーの中心になる発想は何か？　これを信じればクリスチャンだと、一般的に知られている基本の教義は何でしょうか？　それは、キリストの「復活」です。一番、信じ難い話です。永遠に論じられる課題でもあります。

今まで生きていた人間が、実際に死んでしまって、三日後に復活するという話は、かなり素直で無邪気な人でないと、受け入れられませんよね。みなさんは、受け入れますか？

私のある親戚は、ものすごく宗教的なトレーニングを受けたクリスチャンなのですが、毎日のように私とEメールで論じ合っています。私が、「復活の話は、ちょっと、ゴメン」というと、彼は一生懸命に証拠を提示するのです。しかし、実際には、証拠は非常に少ないわけです。

でも、非常に説得力のある、強力な話があるのです。

もし、キリストが復活しなかったとすれば、なぜ、逃げた弟子たちが、後日、信仰に支えられた、勇気のある強い男たちに変わったのかということですね。

もとからいた十人の弟子は、キリストが捕らえられた当初は逃げたのです。自分たちのマスターが生け贄になっても、自分の身がかわいいから知らん顔をしました。それなのに後日、生まれ変わったように、またキリストの信仰を始め伝導師になったのですが、なぜ、そんな変化があったのか……。

クリスチャンの説明では、復活があったからです。キリストが復活という奇跡を成し遂げ、それを目の当たりにしたところで、その時までは完全には信じられなかった弟子たちが、心を入れ替えたのです。

「キリストはやはり、神の子だった。だって、復活したんだから」と、にわかに勇気付けられて、それ以降は逡巡無しに、ひたすら頑張るという精神に変わったというのです。

でも、復活は本当にあったのでしょうか？

今は意識の研究が非常に進んでいて、心理学の世界では、集団幻覚なども研究されています。

例えば、ポルトガルでファチマ現象がありました。八万人の前で、三つの太陽が出て踊ったりしたのですね。ファチマに聖母マリアが出現し、三人の子供に予言が降りるところから始まり、やがて何万人もの人たちが不思議な現象を見聞きし、体験もしたわけですね。

みなさんが１９２０年代のポルトガルにいたとします。その三人の無邪気な子供たちと、同じ場にいたとしますね。そこではおそらく、八万人の人たちと同じように、太陽が踊っているビジョンが見えたと思います。

しかし、そのとき私が２０００フィートの上空から、飛行機に乗って写真を撮ったら、それはごく普通の太陽だったかもしれません。それなら太陽はきっと、踊っていなかったことでしょう。

すなわち、人間の意識はすごいということです。八万人の信者が集まり、その集合した意識では、どんなことでも起こりえるということなのです。

信仰のパワーでは、何でもできるのでしょう。なぜならこの世界は、本当は「心の世界」だからです。物質の世界じゃないんです。心の世界なのです。

だからといって、太陽が実際、リアルに踊ったかというと、踊っていません。でも、人々は踊っている太陽を見ることができたのですね。


キリスト復活の話も、ひょっとしたらキリストが死んだ後で、弟子たちがものすごくガックリきて、悲壮感にとらわれ、そこで意識が一つとなって、みんなで同じビジョンを見たということもありえます。

キリストが現れたというのですが、福音書をよく読めば、それは通常の肉体とはちょっと違う体だったというニュアンスもあるのです。じゃあ、肉体でなければなんだったのか。

幽霊でしょうか。単なるビジョン、幻、幻想でしょうか。

今の心理学では、こういうこともありえるということが、解っているのです。

それでも弟下たちは、間違いなく、とてつもなくすごい体験をしたといえます。

そうしたことを背景として、後日のクリスチャンたちは、ライオンに喰われても、拷問されても、悦んで死にますという精神になったのですね。それは、キリストが死から復活したからこそなのです。

だから、これまでの間ずっと論じられてきた、究極の問題の一つが復活なのです。これを信じなければ、クリスチャンではない。これが真実でなければ、キリストは特別な神の子ではなくなり、キリストの物語自体、エンプティー（空《から》）になってしまうのです。

「異教徒のキリスト」

先日、カナダに行ってきました。

カナダで一番有名な、テレビにもよく出ている、これまではキリストのオーソドックスな話しか書いていなかった神父が、新しい本を出していたのですが、タイトルが「異教徒のキリスト」というのです。

その本で、キリストのストーリーの源は、エジプトだったと言っているのです。エジプトの究極の神の名前は、「オシリス」です。その神のストーリーと、キリストのストーリーを比べてみたら、処女から誕生したとか、拷問されて殺されて、その後復活したとか、共通点ばかりなのです。

実は、死んでから復活した神の話は、オシリス神だけではありません。世界各国に、27種類の文献があるのが、今の時代になって分かったのです。だから、キリスト教だけの独特なエピソードというわけではないのです。

そして、この神父さんの本は、クリスチャンの世界でたいへんな反響を引き起こしました。

最終的に彼がいわんとすることは、キリストのストーリーは「神話」ですよということです。神話は、神の話ということですね。だから、強いインパクトがあるのです。

つまり、神話はとてもパワフルで、信仰のエンジンになるということです。

神話のエネルギー、神話のパワー、神話のイメージによって、人間の心

Christ was a real shaman.

Data File No.5

世界の歴史中にあった復活の神々

「復活の神話」は世界中に沢山ある。以下は代表的なもの

●エジプトのオシリス神

●アラブのフェニックス

●イエス・キリスト

●シュメール神話のタンムズ神

●アズテカのジッペ・トテク神

●ギリシャのアドニス神

●ペルシャのミトラ神

●メキシコのケツァルコアタル神

●インドのシバ神

オシリス神の誕生や死そして復活までの
ストーリーはキリストの場合と酷似

はものすごく深いレベルで動かされているのです。だから、神話を100パーセント信じることで人間はものすごく変わるのですね。

これは良いことでしょうか？　悪いことでしょうか？　判断し難いです。神話だからよくないという結論ではないと思います。神話だからこそ、素晴らしいのではないでしょうか。

古代エジプト人とクリスチャンの違いはどこにあるかというと、古代エジプト人には、オシリスは実在した男であるという発想が、最初からまったくないのです。これは、宇宙の神の話であることが、古代エジプト人にはもともと解っていたのです。

そのストーリーが、後日、イスラエルを通して欧米人によってクリスチャンのストーリーになった時、それは「リアル」になってしまったのです。すなわち、神話が実際に起こった史実だという話になり、これは「神の話」ではなく、実話だと勘違いをしたということです。大きな勘違いです。

でも、だからといって、それが悪いのでしょうか？　私はそれでいいんじゃないかと思います。

神話を信じることでマザー・テレサもご活動になったし、スーパー進化論を構築したカトリックの「タイヤール・ド・シャルダル」もいるし、トマス・マートンという素晴らしい哲学者もいるわけです。

私のいわんとすることの一つは、神話を100パーセント信じるというパワーが、いかに大切かということです。まったく否定しません。

しかし、この現実の三次元において、セックスをしたことのない女性の体から奇跡として生まれてきた生命体が、今度は磔になった穴だらけの体で復活してきたという話は「ちょっと、待てよ」となりますよね。これは、はっきりいって疑うべきじゃないかと思うのです。

もしキリストがここに現れたら、こう言うかもしれませんね。

「神話はよかったかもしれないが、私のいわんとすることはそれじゃないよ。私が言いたいのは、毎日の生活の中で、一人ひとりが知性というギフトを大事にすれば、最高の人生を歩めるということがポイントなのですよ。私のことを信仰するということじゃないのです。それは勘違いです」と。

グノーシスのグループは、それを知っていて実行していたのにも拘らず、修業のやりにくさなどから、マイノリティにとどまりました。毎日、自分の知性の働き方に注意を払いつつ、厳しさをもって生活をするということは、大衆には好まれませんでした。だから、どちらがサクセスストーリーになったかと言いますと、オーソドックスの方でした。

それが、クリスチャニティーというストーリーなのです。そして今、西洋ではそれに関して盛んに論じられている最中で、先述のカナダ人の本だけではなく、次々に新しい考えの本が出てきています。

なぜなら、今の私たちには情報があるからです。昔の人々には情報がなかった。それが大きな違いです。

だから、私はオーソドックスなストーリーを否定するのではなくて、こちらもあれば、あちらもあるというように、バランスを考えています。本当に信仰できる人間だったら、神話を信じることで、本当に奇跡が起きると思います。あのファチマのような奇跡が……。

時間は加速している

ところでみなさんには、実際に時間が速くなっているという感覚はありますか？

つまり、二年前の一日の時間が経過するスピード、朝起きて歯を磨いて、コーヒーを飲んで出かける、そうした日常を過ごす一日の長さが、今と違って感じられることはありますか。

これは、世界で一番の問題です。政府レベルでも、文化レベルでも、教育レベルでも取り組んでいない、究極の問題なのです。

時間の経過が速くなるとどうなるか。とてつもないストレス、とてつもないノイローゼ、とてつもない病気が発生します。すなわち、一日の時間が足りなくなるので、ストレスがかかるということです。なにも時計の針が刻む速さが変わる話ではなく、知覚の変化です。

なぜ現代人に、こんなに不快感や心身的な問題があるか分からないでしょう。その原因は、実は全部そこにあるといってもいいのですよ。

この経過のスピード、時間のプロセスが加速してきて止まらないのです。ますます悪化するということですね。もっと速くなる。だから、２００８年ぐらいになると、朝起きて、歯を磨いて、次の瞬間には寝ないといけない。そんな可能性もあるのです。

２０１０年ぐらいになると、起きた瞬間にもう寝る時間です。あれ、もう春、もう夏、もう秋、というように時間が過ぎていくでしょう。

これは、世界に共通する深刻な問題です。

みんな、感じているのです。そして加速がピークになると、どうなるか……。だから、ありとあらゆる混乱が、これからの時代には溢れだします。言い換えれば、人間は本当の情報、本当に役に立つ情報がなければ、やっていけない時代になるということです。

だから私はいつも、本当に役に立つ情報を得て、お知らせができるように頑張っています。今回の話も、すごく役に立つという確信があります。

封印されたマグダラの教え

グノーシス教では、二元性という考え方があります。プラス、マイナス、女性、男性、仮想の次元と、本当の次元、すべての事象には、二つの側面があるのです。もともとのキリストの弟子の中で、一番弟子は女性だったという話が、最近、情報として出てきました。

この女性は、前にも述べたあのマグダラのマリアという人ですが、一番の弟子だったということにとどまらず、実はキリストのワイフであったということが、「ダ・ヴィンチ・コード」（角川書店）に書かれていますね。

だから、カトリック教では今、たいへん困っている最中です。出たら絶対に困るという情報を封印するためには、たいへんな努力をしなければなりません。昔のように、「異端者」、「魔女」というレッテルを貼って火あぶりにするわけにもいきませんからね。

みんなが「ダ・ヴィンチ・コード」を読めば、正統と異端を比較して、どっちの話が本当かという疑問を持つようになってしまうのですよ。

Data File No.6

マグダラのマリアはキリストの十二使徒よりもレベルが高かった弟子？

▲マグダラのマリア

［聖書］　ルカによる福音書７　　罪深い女を赦す
この町に一人罪深い女がいた。イエスがファリサイ派の人の家に入って食事の席に着いておられるのを知り、香油の入った石膏の壷を持ってきて、後ろからイエスの足もとに近寄り、泣きながらその足を涙でぬらし始め、自分の髪の毛でぬぐい、イエスの足に接吻して香油を塗った。…「赦されることの少ない者は愛することも少ない。」そして、イエスは女に、「あなたの罪は赦された」と言われた。罪深い女の行為を不信に思い、イエスに訊ねると、多くの罪を持つものは、罪の少ないものより、愛も大きい。そして多く愛したものは赦される、と言って彼女の罪を赦した。罪あるものこそ深く愛さねばならないという教え。絵画を見るときは、油壷を持っているか、キリストの足もとにいる。「マグダラのマリア」に関しては、その他、ベタニアのマリアも同一人物だとされ、混同されている。（Wikipediaより）

はたして本当に罪深い女でしたか？そうではないと思われる情報は一杯です

『マグダラの遺産』　MAGDALENE LEGACY
ローレンス・ガードナー卿著

１９４５年に発見されてしまったナグ・ハマディ文書には、マグダラのマリアがイエスと親密な仲であり、マリアはイエスのよき弟子であり、更には妻であったという内容が示されている。『ダヴィンチ・コード』によれば、ダ・ヴィンチはシオン修道会に所属し、イエスとマグダラのマリアの婚姻関係と娘の誕生を信じていたとされている。それは当時において暗号で包み隠さねばならない程の異端思想であったのである。

ガードナー卿の徹底研究は家計図の専門家としては否定しがたい情報が沢山あり、キリストとマリアの間に出来た子供は未だに王室に存在すると語る。

キリストが結婚していて、奥さんが子どもも産んでいました、ということになれば、西洋文化圏の人々にとっては、非常にショックなのです。

聖書の研究家はかなりの数がいるのですが、私がいろいろな観点から勉強して、平等な立場で読むと、やはり、それが本当なのではないかと思うようになってきました。

「なぜ、主はいつも、一番好きな弟子とキスをしているのですか?」と、聖書に書かれているのです。キスしていた? それは、相手がワイフだったら当たり前でしょう。「ハロー、ベイビー、チュ」、普通ですよね。

そして、自分の教えの中で一番のエッセンスを彼女に伝えるのも、当たり前のことです。

マリアという名前は、本当はタイトル(肩書き)なのです。古代からマリアは、ティーチャーという意味なのですね。だから、マリアというタイトルが付いたら、病院のティーチャーとか、学校のティチャーとか、そういう位の高い人を意味しているのです。

マグダラの教えが、一番根付いたのは南フランスなのですが、その伝統を共有したのが、テンプル騎士団や、ダ・ヴィンチです。

そうしたグノーシス教を好む人たちが、おおぜいいたのにもかかわらず、教会のパワーがだんだんと増していきました。だから、そうした情報が出た途端にカットされるのです。今のような情報社会ではないので、信者の数が多く、権力がより大きい方が、情報を消すことに成功したのです。

しかし、真実は眠り続けるわけにはいきません。だから、今の時代になってドカッと出てきたわけです。封印された情報が、すごい勢いで出てくるわけですから、もうたいへんです。

宗教だけの話ではなく、みなさんには知る権利があるのですね。知る権利があって、知ることで、いろんなことが解るのです。

今の世界の構造、政治の構造、国の構造は、一つの宗教システムから始まったのです。

だから、ローマ帝国は無くなっておらず、違う名前で存在し続けているのです。

それは、キリスト教原理主義を背景にしたアメリカですが、パックスロマーナ

〈ローマ帝国の平和という意。ローマ帝国全盛期の1～2世紀、世界は平和と繁栄を謳歌し、ロマンチック〈ローマ的〉は世界文明のスタンダードとなった〉から、パックスアメリカーナ〈アメリカの平和〉になってきたのです。

パックスロマーナは、世界に一定の平和をもたらしましたが、アメリカの一極支配は、今のところ世界を混乱に導いているだけですね。

カール・ユング博士とグノーシス

グノーシス教の時代は、男性上位に不都合な女性の教えがたいへん重視されていました。それが後の時代になると、女性の教えは全部カットされたのですが、たいへん残念なことです。例えば、マグダラのマリアの教えは、とてもレベルが高いのです。

南フランスに行けば、ブラックマドンナの像がたくさんありますが、ブラックマドンナの基は、やはりエジプトなのです。だから肌が浅黒いブラックマドンナなのですね。グノーシス教は、そこから始まったので

Carl Jung left us a magic word
"SYNCHRONICITY".

す。

そのグノーシスの知識、システムの情報は、千年以上、アンダーグランドにならざるをえませんでした。表には出せません、殺されますから。だから、ずっとアンダーグランドだったわけですね。

グノーシスの情報は、長い間抑えられてきたのですが、二十世紀になったら、ある人物の登場で関心が高まりました。その人は後日、有名な心理学者になりました。その人の名は、フロイドの弟子の、「カール・グスタフ・ユング」です。

そのユングが、クリスチャニティーや世界的な神話の研究をする中で、自分のカルチャーであるキリスト教の中に、グノーシス教があることを知るようになったのです。

それを知るためのヒントになったのに、例えばタロットカードがありますが、これもグノーシス教を教える一つの手段でした。

一見、普通のトランプのように思えますが、本当は一枚一枚がシンボルになっていて、太陽と月というように、男性原理、女性原理を表現するようなカードが

Data File No.7

錬金術の研究を晩年によく行った カール・ユング博士

カール・グスタフ・ユング

Carl Gustav Jung （1875年7月26日～1961年6月6日）

スイスの精神科医・心理学者。深層心理について研究し、分析心理学の理論を打ち立てた。精神科医であったユングは、当時の精神医学ではほとんど治癒できなかった各種の精神疾患に対する療法の確立を目指し、ピエール・ジャネやウィリアム・ジェームズらの理論を元にした心理理論を模索していた。フロイトの精神分析学の理論に自説との共通点を見出したユングはフロイトに接近し、一時期は蜜月状態となるが、徐々に方向性の違いから距離を置くようになる。フロイトと別れた後は、人間心理はフロイト式の抑圧感情に還元され得る部分も存在することは認めつつも、それは局面の一つ以上ではないと考え、フロイトが想定したよりも遙かに広く大きいものとして無意識を再定義した。彼の患者であった精神疾患者達の語るイメージに不思議と共通点があること、またそれらは世界各地の神話・伝承とも一致する点が多いことを見出したユングは、人間の無意識の奥底には人類共通の素地が存在すると考え、この共通するイメージを想起させる力動を「元型」と名付けた。（Wikipediaより）

ユング博士と「錬金術」

ユング博士は陰と陽を示す男性性と女性性である二元性をよく表す中世の錬金術師の文献を見つけて研究をした。

自らの前世は中世の錬金術師であったとまで発言したそうである。

グノーシス教と錬金術は密接に関係することが彼によって暴露された。

多いのです。

我々の次元には二極性があります。プラスとマイナス、男性原理と女性原理です。その二つの要素を認識しなければ、人間は進化しません。発展しないということなのです。

みなさんの心の中にも、そうした二つの要素があります。男の体をしていても、女性の要素が入っているということなのですね。男性であっても、女性的な部分もあるわけです。

ユングの有名な学説でも、「内なる異性アニマ」といっています。逆ももちろんあって、女性の中の男性原理が「アニムス」です。

易教の陰陽の太極図も、同じことを表しています。

黒い部分には白い点が、白い部分には黒い点がありますが、黒い部分が女性原理だとすると、その中の白い点が内なる男性原理だということです。

その二つの要素を完全に理解して、それぞれは分離したものではなく、もともと一つのものだということに気づき、融合する。そうしなければ、人間はまともにはなりませんよ、という知恵が、グノーシスなのです。東洋の陰陽説は解りやすいですが、ヨーロッパにも、ちゃんとそういうシステムがあったということを発見したのが、カール・ユング博士です。

彼はグノーシスの情報がどこに、どういう文献の中にあるのかと考えていたのですが、ある夢を見て気付いたのです。彼の夢の研究はご存知のとおり有名で、彼自身も実際に、すごい夢を見る人だったのです。

ユングの過去世――錬金術師

夢の中で、十数世紀の中世に戻ったのですが、その世界で彼は錬金術師だったのです。ユングは錬金術師〝Alchemist（アルケミスト）〟という過去世を持っていたのですね。

錬金術師とは、どういうことをやっていたのか。本当は人間の神秘的な要素を自分のものにする訓練や、修業をする人が錬金術師なのです。ただ単に、古い鉛をゴールドに変えるということではありません。それはメタファーであり、象徴にすぎません。

高次元のキリスト意識に覚醒していない人間がすなわち、鉛の状態ということなのです。知識を使って修業をすれば、それをゴールドの状態に変えることができるのですね。

それが、錬金術師の究極の探究だったのです。彼らはある意味では、本当の宗教家だったのでしょう。

ただ単に、信仰をするのではないのです。自分の体を実際に使って、さまざまな試みを行ったのです。脳の周波数を変える実験や、非日常的な物質を使ったり、ヨガをやったり、セックスをしたり、いろんな方法を用いていました。

錬金術師のイメージやロゴの中には、サンとムーン、男性と女性が使われています。そして最初は別々なのですが、錬金術の最終段階の道においては、男性と女性はヒップの部分でくっついた形になるのです。

なぜそんな姿なのか？　つまりそれが、男性と女性が融合した、バランスのとれた人間ということですね。

男性原理と女性原理を融合させてトータル的な人間になること、これがグノーシス教なのです。

プラトンも、原初の人間は男と女がくっついていたと言っていますが、これも、男性原理と女性原理が融合したバランスのとれた形だったということのメタファーなのでしょうね。

キリストの言葉を一番正確に伝えていると言われているトマスの福音書には、「男と女を一つにするとき、貴方たちは神の国に入れるでしょう」と書いてありますが、これは実際に、キリストの教えの一つでもありました。

ユングは錬金術を三十年間、勉強し続けたことによって、私たちに何を提供したかというと、集合無意識の存在についてです。

人間の意識の深い層では、みんな、同じ集合無意識を共有していますよ、ということですが、これは非常に大胆な発想です。フロイドの時代にも、あまり知られていなかったことです。

彼は集合無意識の中に、どの時代にも共通した意味のある、シンボル、イメージがあることに気付いて、錬金術に没頭するようになったということですが、その成果がアーキタイプ（元型。人間として、生まれながらに最初から持っている心の元となるもの）です。

ユングは心理学者ではなく、実は錬金術師であったということを覚えておいてください。

彼はスーパーハイレベルのアルケミスト（錬金術師）ですが、キリストもそうなのですね。本当のキリストの教えはグノーシスだから、やはり錬金術師なのです。男性原理と女性原理を統合する、だから当然、女性とも付き合う。昔は、男性と女性は同じ地位があったのです。

古代において、女性は尊重されていた

今の我々のカルチャーでは、とても男女平等とは言えませんね。昔よりは少しはましになりましたが、女性の社会的地位は、ほとんどの国で、まだまだ低い。

イスラム世界の悪口を言いたくはありませんが、あちらでは女性の地位は、ほとんどロバに近いですね。動物扱いといっても過言ではないで

Women create men.
Men cannot create women.

しょう。

でも、キリストのグループは、そうではなかったのです。女性はものすごく尊重されていました。なぜ後日、男オンリーの宗教になったかということも、疑うべきです。

リーダーはすべて男、そしてセックスをしてはいけないという信仰システムにも、プラスの面はあります。セックスをしないで修業ばかりすれば、脳内変化が起きる人も、中にはいるはずです。意識は変わり、神秘体験もするでしょう。

しかし、それは非常にまれです。だから、私の知っている神父さんは、フラストレーションだらけなのです。「やってはいけない。でもやりたい！」（笑）それが、本当の気持ちなのでしょう。

でも、やってはいけないなんて、誰が言ったの？　キリストが言ったの？　いいえ、そんなことは言っていません。キリスト自身は、一つもそんなコメントを残していないのですよ。女と寝たらイカン、なんてどこにも書いていない。だからこれは、偽りの情報だということなのです。

入信してその偽りの情報に縛られると、とっても不自然な状況に陥ることになりますね。

西洋文化の根底は、クリスチャニティーです。そのクリスチャニティーの根元においては、女性は駄目なのです。全部は男性だけで一つなんですよ、という考え方です。

でも、そのことでスーパー男性が排出されたのです。発明したり、いろんな文化的な活動をしたり、表舞台でたいへんな活躍がありました。西洋における科学の歴史の主人公は、ほとんど男性でしょう。コペルニクスにしても、ガリレオにしても、ニュートンにしても、ダ・ヴィンチにしても、みんな男性です。

それは、もちろんプラスでした。クリスチャニティーには、プラスもマイナスもあるということですね。そして、クリスチャニティーのシステムがあってこそ、そうした人たちが排出されたのは、誉めるべきですが、やはりちょっとバランスが悪いです。

だから私は、東洋人の生き方は、よほどナチュラル、自然に合っているということが、長らくこの国で生活させてもらって、分かったのです。

宗教システムの影響を受けると、精神分析が必要になる

カール・ユングが、私たちに新しい錬金術という情報を提供してくれたことによって、精神分析法が生まれました。その方法を用いて精神分析を受けることで、ある程度、心の成長を遂げることができると言われています。

でも日本では、精神分析はあまり流行っていないでしょう。もともと、欧米に比較するとあまり問題がないからです。

宗教にハマっている人たちの精神状態がメチャクチャになってしまったというのは、これまでの宗教システムの影響による、結果なのです。そこで生まれたのが精神分析法であり、分析を受ければ、みんな元に戻って良くなるという夢があったのですが、あまり効果を上げていません。

今のアメリカに行けば分かります。「私は三十年間、精神分析を受けていますが、変わったかといえば、あまり変わっていない」、こんな人がおおぜいいます。精神分析の先生たちが、儲かっているだけのようですね。あまり効果がないということは、ユングの情報を正しく使っていないということだと思います。

キリストの本当の目的

そこで、錬金術の元の元の元のマスターに、戻ってみましょう。それが、キリストなのです。キリストの本当の教えこそ、錬金術の真髄です。

だから「キリストの精神分析」の本で、著者が言いたいのは、例えば、「もし今日、キリストが生きていたなら、精神分析、心理学の世界は完全に破綻するだろう」ということです。

つまり、キリストが今の心理学の学会に出席したとすれば、これまでに研究されてきた科学的な知識を超えるようなことを、誰もが非常にショックを受けるような形で言うでしょう、ということなのです。

キリストは雲の上の存在だとのイメージを持っているかもしれませんが、実際はそうではないのです。彼は、決して手の届かない超人ではなく、実は革命的に独立した、「スーパー個人」だったのです。

彼はだんだんと超有名になりつつも、できるだけ有名にならないような工夫をしつつ、転々と移動して暮らしていました。

Christ's teaching
= The real world.

同じ町に滞在し続ければ、人々が集まって宗教団体ができてしまうことが解っていたのです。「マズイ、この町から移動しないと、信者ができてしまう」という意識があったのですね。

つまり、彼の目的は、信者を得ることではなかったのです。それは、「新しい人間」を作ることでした。新しいタイプの人間、すなわち進化した人間を作ろうとしたのですね。

だから、彼の行動はパラドックスだらけでした。超有名でありながら、ライムライト（街の灯）から逃げていたのですね。そしてシンプルな言葉で、みんなにいろんなメッセージを伝え続けるというスタンスをとっていました。ですから、人々が彼が奇跡を起こすことを期待すれば、あえて奇跡を起こさない普通の人間としてふるまって見せたのです。

だから、実際にはキリストの教えは、小数の人間のためでした。その人間とは、本当に勉強したい人、本当に変わりたい人、本当に進化したい人たちのことで、きちんとした聞く耳を持った人たちだったのです。

シンプルなシステム――記憶の使い方

現代もすでに、「聞く耳を持たなければヤバイよ」という時代です。時間は加速化している、いろんな混乱は起こる、2012年までに、おそらくかなり、たいへんなシフトが起こるのではないかということから、宗教でもない、医学でもない、科学でもない、超シンプルな情報、シンプルなシステムが必要です。

そしてキリストには、シンプルなシステムがあったのです。それがすなわち、知性の使い方です。

みなさんは、二週間前にどんなことが起こったのか、ちゃんと憶えていますか？　憶えていない？　それはちょっとヤバイ。心理セラピストを呼ぼう。（笑）二週間前に体験したことはもちろん、みなさんの記憶の中にインプットされていますよね。良いことも悪いことも、ちゃんと残っているはずです。

でも、今の心理学者の研究では、人間の記憶ほどヤバイものはないということが解ったのです。

「羅生門」という映画の世界じゃないのですが、人間の記憶は非常に厄介なものなのです。だって、今の自分は記憶に基づいているじゃないですか。去年のイベント、二年前のイベント、おそらく、成人しているみなさんの一生には、四つか五つぐらいのスーパーイベントがあったと思います。事故にあったり、結婚したり、すごく喜んだこととか、悲しかったこととかあったはずでしょう。その間はまあまあでも、すごいイベントもあったはずです。

場合によっては、そうしたイベントの記憶で、死ぬまで苛《さいな》まれるわけです。捨てられません、そうした記憶は。自分に都合のいいようには、変えられないのです。記憶は非常に厄介なものです。消えてほしいと願っても、なかなかそうはいってくれないのですね。

キリストには、そういうことが解っていたのです。人間の記憶というシステムについて、みんなが使い方をよく知らない、解っていないということに気付いていました。

つまり、悪い記憶によって、そのイベントから何年もたった後も、毎日苦しむことがあるということ。

私は、精神病も肉体の病気も含めて、これが何に基づいているのかという病気のメカニズムについて、ドクターに訊いたことがあります。

彼の名前は「デーパック・チョプラ博士」ですが、たぶんアメリカで、もっといえば世界で一番の、超有名なドクターです。

十四年前に、アメリカで彼にインタビューをした時に、

「先生、病気の究極の原因は何ですか？　精神病、不快感、ガン、エイズ、どの病気にしても、その根源は何でしょう。記憶ですか？」

と、ズバリ訊いたのです。それまでにも、彼がいろんな最先端の情報を提供する中で、「人間の病気に関する本当の根源は、記憶です」と言っていたからです。

日本の雑誌にそのインタビューを掲載するので、イエスかノーかを正直に答えてもらうように質問を考えたのですが、ほとんどの医者は、なかなかイエスとはいわないのですね。

「イエス。本当の病気の原因は記憶です」と言ってしまったらたいへんだからです。すべての病気は、記憶に基づいているということになりますから。

しかし彼は、「本当です。そのとおりです。人間のすべての問題の中心は、記憶

です」と言い切ったのです。

良いものも悪いものも、記憶は蘇ります。でも残念ながら、ほとんどの場合、悪い記憶の方がインパクトが強いのです。

けれども本当は、そんなことは乗り越えられるのです。例えば、三年前にものすごく酷いことが起きても、乗り越えられる人もいますから。

でも、多くの人は完全には乗り越えられません。いつまでもウジウジと悩んだり、いやだった気持ちが蘇ってきたり、その悪い記憶に、死ぬまでやられてしまうのです。

だからキリストは、弟子たちに、瞬間、瞬間の生き方をするためには、記憶がポイントだと教えました。

昨日の悪い記憶を完璧に捨てようとしても、それは不可能です。人間としては不可能ですが、その悪い記憶が、今、この瞬間の自分に、悪い影響を与えないような生き方、というのを教えたのですね。

クリスチャンの世界はルールだらけです。「こういうことをしてはいけない、あいうことをしてはいけない」と。

でも、彼には一切、ルールが無かったのです。ただ、生き方を教えました。その教えの中心は、記憶の使い方です。

ある種の人々は、一切、慢性病にかからないのですね。ガンにもならない、エイズにもならない、どんな慢性病にもかからない、そういう種類の人たちがいるのです。いくらガン細胞があっても、成長しません。大きくなりません。

どういう人か分かりますか？　それは統合失調症の人たちです。

統合失調症の人たちは、肉体的には非常に健康なのですよ。それは、なぜでしょう。答えは、記憶がバラバラだからです。昨日の自分と、今日の自分の記憶の繋がりがないのです。

彼らにも記憶はあります。でも、心の不思議な働きによって、昨日の自分と去年の自分の記憶の繋がりが、メチャメチャになっているのです。だから、私は何々病ですという繋がった意識もないのです。

私はガン患者です、私は何々症候群です、という意識が繋がっていかないので、その病気に陥らない。

日本の医者は、自律神経失調症という診断が大好きですね。日本ほど、無責任な医者はいないと思います。自律神経失調症で、全部カバーしているのですから。そんなのは、当たり前のことです。どんな病気でも、自律神経は失調しているんですから。

「ホォー、私は自律神経失調症ですか。先生」と、今度はそれが記憶になって身体に働きかけるため、一生苦労するわけです。

キリストの中心の教えは、つまり知性の使い方、思考の仕方です。これは、どのように考えればいいのか、何を考えればいいのか、ということではなく、記憶の捨て方を教えたということなのです。

だから彼は、あまり物を持たないで、毎日のように、転々と移動して、瞬間、瞬間の生き方を、体で憶えるようなライフスタイルを選んだのですね。

「たいへんなことがあった。でも今日あったことは忘れる。だから明日は違うよ」という、非常にシンプルな教えです。だから、すべての分野に応用できるわけですね。教育、医学、物理学など、すべて私たちの脳に関わっています。

物事を考える力、これはすごいものです。思考の仕方で、記憶をコントロールすることもできるのですから。

究極の「独立個人」になる

そして、キリストの三三年の生涯の、最後の三年間の教えで、私が一番興味を持ったのは、「独立個人」になるという考え方なのです。

では、独立個人について、お話しをします。

私は四年ぐらい前に、「SOVEREIGN」（ソヴレン）という英語の単語がもつ特殊な意味を知りました。ソヴレンの直訳は、主権者、主権のある人、王様、すべてを治める人です。だから、例えばエリザベス女王はソヴレンなのですね。

つまり、究極のトップのマスターで、主権がある人ということです。主権者では分かり難いので、私は「独立個人」という言葉を提唱しようと思ったのですが、「いや、日本の社会では、そういうアメリカ的で

The sovereign individual is you,
when you are not being controlled.

利己主義な考えは駄目です」と言われました。

私は「そういう意味じゃないんだ。スーパー・インディヴィジュアルということではないんだから」と答えました。

本当の独立個人の意味は、「自分で自分を治める」ということです。

自分自身のすべてを、自分自身で治めるということは、すごく深い次元の始まりです。そうなれば、まず権力というものが無くなります。

「あの人たちに私が治められるべきだ」という考え方が無くなるのです。

自分の世界とは、どういう世界でしょうか？　自分の意識の世界でしょう。今、みなさんは、みなさんの世界で世の中を見ているわけですね、他人の世界で、世の中を見ているのではないでしょう。だからそれぞれが、違う世の中を見ているわけです。

独立した個人だから、個々の意識の中では、ぜんぜん違う情報が流れています。何も統一性がないのです。同じ言語を使うことで、みんなが同じ世界にいるという、幻の仮想世界に入ったのです。

でも、同じ世界じゃないんですよ。みんな、生まれたときから死ぬときまで、独立個人なのです。それだったら一生、独立個人として生きて行けばいいのじゃないか、というのがキリストの教えなのです。

だから、「こういうふうに生きなさい」というと、独立個人ではなくなるわけです。「ルールに従いなさい」と言った途端に、終わりなのです。

みなさんは驚くかもしれませんが、キリストはルールを教えなかったのです。ああしろ、こうしろというルールは一切ありませんでした。

常に相手を尊重していました。王様であろうが、政治指導者であろうが、犯罪者であろうが、娼婦であろうが、関係ないということです。みんな、独立個人です。キリスト一人だけが神の子なのではなく、みんなが神の子供だということなのです。

我々は神の子になるのではありません。必要なのはそれを知ることです。人間は神の前で平等なのではありません。人間はみんな神の子だから、生まれつき平等なのです。

これはすごいと思いませんか？　だから、本当はこれではシステムにはならないのですよ。

一人ひとりが、バラバラの個人をまとめるのがシステムでしょう。

一人ひとりが、バラバラの独立した個人であるという教えだから、システムとは反対の意味なのです。だからキリストは、システムを考えていなかったのです。

一人ひとりに、心が覚醒できるためのヒントを与えたのですね。そのヒントは、みなさんが「それぞれの意識の世界」にいるということです。ですから、それぞれの世界の、マスターになったらいいでしょう、ということなのです。

つまり「自分の世界では、自分が王様ですよ」というスタンスがなければ、キリスト意識もなにもありません。こういうことを信じなさい、こういう道を歩きなさい、ではありません。

これは、非常にユニークな教えではないでしょうか。

一人ひとりの生き方、捉え方、考え方があるけれども、共通のヒントがあり、それが「記憶」である。みなさんは、二日前のイベントに引きずられて「ああ、あんなことが無かったらよかったのに……」と悔やみます。

でも、キリストはそんなことは言わないのです。そういうことがあってこそ、色んな苦労があってこそ、みなさんの独立個人の経験、そこでの意識があってこそ、乗り越えるということが実感できるからなのです。

つまり、彼は成功者の社会を作ろうとしていなかったのです。みんなが成功して、みんながパーフェクトで問題がない、そんなことはドリームです。それはありえない。みんな、問題を抱えているでしょう。そして、これからもみんなで、たいへんな問題を抱えるようになるでしょう。

そこで、どうすればいいか？　自分で考える。しかし、ヒントを与えてくれるマスターがいる。そのマスターのヒントが、キリストの説く独立個人ということなのです。

キリスト意識を持つということ

私はこれからは、「SOVEREIGN INDIVIDUAL」（ソヴリン・インディヴィジュアル）、独立個人の時代になると考えています。なぜかと言うと、我々の置かれた環境が、古代人と違うからです。

現代人が自分の独特の考え方、独特の創造性を活かせるようになったのはなぜでしょう？

そのもっとも大きな理由は、「情報」です。私たちには情報があるからこそ、まったく独特な生き方を選択できるのです。これは、自己中心的な生き方をしろということではありません。本来の自分の可能性を、存分に発揮できるということなのです。

自分独特の個性を発揮すること、イコール、キリスト意識なのです。つまり、キリストのいわんとしているのは、「みんなは独立個人でありながら、心の中に、ものすごくレベルの高い意識が存在していますよ。それはキリスト意識ですよ」ということなのです。

だから、イエスとキリストという二つの言葉がありますが、イエスは端末機なのですね。キリストは全体の意識、宇宙意識なのです。だから、唯一、彼だけがキリスト意識で、唯一、神の子だというのは幻なのです。

みんなに、キリスト意識は存在しています。東洋、西洋を問わず、男女を問わず、仕事を問わず、みんなの実体はキリスト意識です。

ではなぜ、みんながそれに気づかないのでしょう。理由は、みんなが独立個人の重要性を忘れてしまったからです。

キリスト教の宗教システムがそうだったように、権力者がますます強くなることによって、人間は小さくなってしまうのです。

今、生活に問題があれば、まず政府が解決してくれるのではないか、会社の偉い社長が解決してくれるのではないかと期待するでしょう。病気にかかれば、医者が直してくれるということになるでしょう。

これでは、独立個人ではありません。独立個人には、病気を含めて自分で解決できるという意識があるということです。

これから、おそらく政府でも助けられないようなイベントが起きるでしょう。

私はその根源は、太陽だと言っていますが、太陽は、古代エジプトやキリスト教など、すべての世界の宗教に、共通する中心シンボルなのです。太陽意識、イコール、キリスト意識ということですね。高次元意識、光の意識ということです。

だからキリストは、みなさんが独立個人として、どういうふうにソヴリンになるのか、私たちが新しい時代を迎える時に、みんなにキリスト意識を持ってもらわなければいけない、ということを唱えたのです。それが、「神の王国」なのですね。好き嫌いは無しです。好むと好まざるとに関わらず、それはみんなの仕事なんです。

つまりみなさんが今から何をするのかということですが、一言で言いますと「進化」、進んで化けることです。

これからの進化のストーリー

では、次の段階に行くために、進んで化けなければならないという進化のストーリーを考えていきたいと思います。

これからは飛躍的な進化が起きます。でも、進化の前になにがあるのでしょう？　キリストにもあったのです。それは、「試練」です。キリストには何の試練がありましたか？　磔《はりつけ》ですね。

試練は、キリストにだけあったのではありません。ローマの中心に円形の建物があります。コロシアムですね。

コロシアムの本来の目的は何だったかというと、スポーツのショーをする場所だったのです。そのコロシアムに、ローマ帝国の、地位、権力、お金がある、偉い人たちが来るわけですが、彼らの最高のスポーツのショーは、クリスチャンの拷問だったのですよ。

私は、いろんな文献を読んで驚きました。昔のローマ人のスポーツの仕方は、すごいです。みなさんには想像できないでしょう。リストを見たことがあるのですが、すごいお金をかけて、象、百五十頭、ライオン、一千頭、タイガー、五百頭、ワニ、などなどと、猛獣を集めたのです。みんなのためのショーには、これくらい要るよということですね。

これが千数百年前の、お偉いさんやローマ市民の、土曜日の楽しみだったのです。ある日は、十万人のクリスチャンが野獣に喰われるというゲームになるわけですが、一人ひとりがライオンに攻撃されたり、象に踏まれたりするのです。その中でもすごいのは、巨大な鉄の牡牛の像を作って、その中にクリスチャンを何百人も押し込めてから、その下に積み重ねた薪に、火を付けるのです。当然、悲鳴や叫び声を上げますね。

そんな声が混ざり合い、反響するので、まるで牛の鳴き声のようだったそうですが、それを音楽を聴くように楽しんだそうです。

その時の、クリスチャンたちの意識は、実にすごかったのです。「悦んで死んであげる」「試練をすすんで受け入れる」「恐くない」という意識でした。

神話には、プラスとマイナスがあり、彼らは神話を１００パーセント信じきるパワーによって、そういう死に方を迎え入れる精神があったということなのです。

なぜなら、自分たちのボスであるキリストは、悦んで磔になり、逃げようとしなかった、人のせいにしなかった、怖じけついて逃げようとした弟子たちに、最後まで恨みを持たなかったという信仰があったからです。

キリストは、弟子たちを恨むのではなく、可哀想に、まだキリスト意識が解っていないのだ、独立個人になっていないのだと思ったのです。

しかしキリストが死んだのは、人間の罪のためじゃないのですよ。革命家だから、そうならざるを得なかったのです。現代でもそうですが、その時代はなおさら、革命家は殺されるに決まっていたのです。

現実を冷静に見ると、キリストや弟子たちだけではなく、私たち全人類が、「磔の時代」に入ると言わざるをえません。これからたいへんなことが起こるでしょう。これは、予言の話ではないのです。

冷静になれば、世界が狂ったことが解るはずです。世界一の国であるアメリカの、言っていることとやっていることの矛盾があまりにもひどすぎて、誰も気付かないようなリアリティーになってしまったのです。

最近、アメリカである有名なテロリストが保護されているというニュースが出ました。超有名なテロリストが、アメリカ政府に保護されているのです。

「オサマ・ビン・ラディンのような奴をかくまうと、その国を徹底的に叩くぞ」と言って実行しているくせに、その一方で、自分たちの国でテロリストを守り続けているのですよ。

そうした情報がリークされ、当然、かなりの反発が起きています。やっと世界中が気付きだしました。でも、もう遅いのです。やっと気付いて対応しようとしても、現実の方がはるかにスピードが早いのですから。

これはすなわち、「世界は、権力主義に陥った人たちによって、支配されるような段階にいたった」ということです。

みなさんはまだ、一番ましな国にいるのです。これだけ全世界が狂っているのに、一番、影響を受けていないのが日本ですが、これは不思議ですね。

世界は本当に狂っているんですよ。

例えば、私は先日、アメリカに入国しましたが、拷問とはいわないまでも、すごい扱いですよ。私はお客様のはずなのに、貴方の国に入らせてくださいという時は、まるで犯罪者扱いです。イギリスは少しましですね。

指紋からコンピューターでのスキャニングから……。次の段階になると、体にチップが埋め込まれるようになるのも、オーバーな想像ではありません。

今、IDカードを発行するという動きが、とても大きいですね。個人情報が全部入っている一枚のカードが、テロリストではないという唯一の証拠になるわけです。

このカードが無ければ、テロリストかどうかの確認が取れない、だから絶対にカードを持たなくてはいけない、つまり、これを持たないと生きていけなくなるのですね。

これが聖書に予言された、「６６６」の数字が名前になっている獣に、みんながマークされるということなのです。なぜ、これが予言されたのかは分かりませんが、現実社会はその予言通りになってきました。

だから、十年ぐらい前から、私を含めた独立個人の人たちが動きだしたのです。すべての政府機関を疑う。すべてのルールを疑う。すべての新しいポリシーを疑う。すべてを議論する。みんながこうした立場をとらなければ、たいへんなことになります。

インターネットによるパラダイムシフト

実は三、四年前に、「船井オープンワールド」でちゃんと話しました。

これからどうなるか？　簡単です。世界的にインターネットが発達することで、たいへんなパラダイムシフトが起きます。つまり、今まで生きてきたすべての人間の、すべての発想、すべての発明、すべての情報に、アクセスすることができるでしょう。例えば、今までに存在したすべての科学者の論文にも、アクセスができるわけです。

ということは、一人ひとりが、オールマイティーなのですね。それならば、権力者はいらないでしょう。今までだったら、ピラミッドの上にいる人に訊かなければ、情報を貰えなかったですよね。

偉い教授に訊かなければ解らない、政治家の意見を訊いてみなければ解らない、ということでした。今は指先で、キーボードをカシャ、カシャ、パッじゃないですか。つまり、権力のピラミッドが全部、崩れるということでしょう。

そして、今は政治家の言っていることが本当かどうか、テストすることができるのです。その政治家の情報を、検索すればいいだけです。「やはり汚いスキャンダルだらけですね。じゃあ、こいつは駄目だ」ということになります。十年前には、これはできなかった。

だから、この情報について、一番意識しているのは権力者なのです。権力者は、

Data File No.8

自分で自分を治めるのが独立個人

●The Sovereign Individual

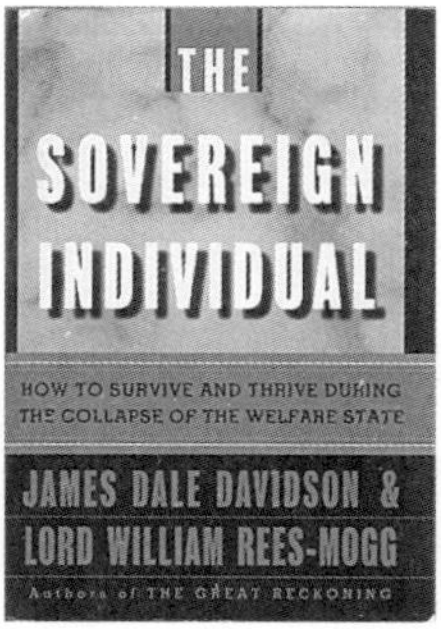

元BBC会長、ロンドンタイムス編集長、そしてマーガレット・サッチャー氏のトップ・アドバイザーであった、イギリスのトップクラスの知識人であるロード・ウィリアム・リース・モッグとジェイムス・デイル・デビッドソンによる著作である本書は、「The Sovereign Indevidual」という独立個人のバイブルのような書物である。その主な内容を下記にてご紹介する。

社会は４つ目の段階に入っている。
▼第一の段階→狩猟社会
▼第二の段階→農業社会
▼第三の段階→産業社会
▼第四の段階→情報社会(サイバー社会)

- 個人が強くなると国家が犠牲になる。なぜならば国家に束縛されることはインターネットによって終わる。個人の責任はもっと重視される。
- Cognitive elite(認識するエリート)である独立個人たちが、政治的な国境外で活動するようになりつつある。
- 政府に支配されなくなる結果、個人は最大の自由を獲得することができる。
- 最大の経済的な富の新しい資源はアイディアや想像力、そのものである。
- 国家そのものは、政治と共に考えられないスピードで崩壊するであろう。
- 今まで政府しか提供できなかったサービスは、民間の組織や会社のインターネット上でのサービス提供のほうに取って代わる。つまり個人のアクセスできる市場は完全にボーダレスとなる。
- その現象に対して各国の政府は必死となり、できるだけサイバーエコノミーを妨害しようとするだろう(もう始まっている)。
- たしかに世界統一政府(グローバルスタンダード)の事実は現実となりつつあるだろうが、サイバースペースによって完全に逆転するかもしれない。

サイバースペースによって、個人は強くなり自由を獲得する。その結果、国家は政治とともに崩壊する。個人は想像力という新しい資源によって無限の可能性を持ち、政府のサービスも民間が提供するようになる。そのかわりに個人の責任は重視される。

私たちのために働きますとか、公僕であるとか、建前では言っているけれど、情報にアクセスすれば、言っていることとやっていることがぜんぜん違うということが、すぐにバレてしまいます。

私は、日本の歴代の総理大臣は素晴らしかったと思いますが、より大きな権力に逆らうと、ハメられます。そういう権力システムになっているわけです。

日本には今、問題がたくさんありますね。中国、朝鮮からの圧力、郵政民営化の圧力、憲法改正の圧力、アメリカ産牛肉の圧力……などなど。その問題の対応が連中の意に沿わないと、ハメられるという世界なのです。

これはフォースの世界ですが、独立個人は、パワーの世界なのですよ。

キリスト意識はパワーです。それは癒しのパワー、愛のパワー、平和のパワーです。本質は、我々の意識の問題です。政治の問題でも、医学の問題でもありません。

だから、インターネットはこれから様々な問題を提起します。

個人レベルで最高の情報にアクセスすることによって、権力が必要ではなくなる。権力を持った人たちは一番、損をするわけです。

みなさんの気付きがかなり近づいてきているので、みなさんの意識を逸らす必要があります。その方法は単純です。人を雇って、体に爆弾を巻き付けさせて、自爆させればいいのです。毎日のように、イラクのテロがテレビで流されていますね。

みなさん憶えていますか？　スマトラの地震で何十万人死んだのでしょうか。それなのに最近、津波の話はありますか？　無いでしょう。うまい具合に記憶から消されたような感じでしょう。でも現実は、被災者は今でも苦労しています。毎日、毎日、苦労しています。

それなのに、ニュースで取り上げているのは何ですか？　「自爆テロがありました」、「バグダッドで、五人死にました」でしょう。なぜ、そういうニュースばかりなのかと思いませんか？

それは意識レベルを低くする「バッドニュース」を流すことで、独立個人の覚醒的なエネルギーを封印するためなのです。

だから、本当にキリストのいう独立個人になろうと思えば、テレビやメディアに注意を払わなければ、たいへんなことになります。

キリストは、情報の重要性を知っていたのです。

彼は二つのスーパー権力の間に挟まれていたでしょう。一つはローマ帝国で、一つはユダヤ教ですが、二つともスーパー権力なのですよ。

その中で正直に伝えるというのは、たいへんなことでした。言っただけで処刑ということもあったのですから。キリストには、堂々と言う時と、逆に沈黙を守る時がありました。

いつ言えばいいのか、沈黙の方がいいのか、キリストは、知性の働きかけによるタイミングのマスターでした。

例えば拷問された後、ローマ総督ピラトの前で、「どちらが王様ですか？ ポンティウス・ピラトですか？ キリストですか？ どちらの方が地位が高いですか？」と問われたのですが、そのときは沈黙のパワーを使う。そしてあるときは、話すというパワーを使う。場合によって違ったのです。

彼は、一人の独立個人の見本としての生き方や知恵を、弟子たちに残してやろうという考え方を持っていました。これが、グノーシスなのです。

自分を知ること。自分を知れば、恐いものはありません。自分の世界では、自分が王様だから、権力者はいらない。

でも、権力者にあえて反対する必要もないということなのです。これが「沈黙」の意味ですね。彼は、政治システムを変えようなどとは言っていません。代わりに、別の政治家を入れろなんて言っていません。

内なる天国にフォーカスする

彼が言っているのは、朝から晩まで内なる王国、内なる天国にフォーカスしなさいということです。その内なる天国はどこに存在するかというと、それは脳内からアクセスできます。

つまり、みなさんの脳内にアクセスポイントがあるということです。内なる世界、永遠の次元、天国、いろんな呼び方がありますが、何処に存在しているのでしょう。宇宙ではありませんよ。いつでも脳からアクセスできる、みなさんのハートの中なのです。

でも権力の世界、マトリックスの世界の中では、内なる王国が発見され難いでしょう。そんな時代が始まろうとしているのです。

だから、私はニューエイジを否定しています。

ニューエイジはみんな、すごくハッピーなのですね。「2012年は素晴らしい。アセンションですね。楽しみだねー」というように。でも、「そのアセンションの前に磔があるよ。これはセットなんだよ」と言いたいのです。

みな、アセンションしたいですよね。でも、磔だけをやめるわけにはいかないのです。これはセットなのです。これからの、過酷な進化のすごいドラマから、逃げられないのです。

生命体は、簡単なプロセスでは進化しません。ほとんどは劇的な変化があるのです。私の言葉でいうと、カタストロフ的な進化こそ、本物ですよとなります。穏やかな進化なんか、進化じゃないのですよ。

だから、これから人類が本当の進化をするために、キリスト意識とアクセスするために、集団磔を受けなければなりません。

The internet = Information outside you.
The Innernet = Information inside you.= DNA

「イヤ！　他の方法があるでしょう。礫なしで」「政治の力で環境破壊を止めて、全部資源を戻して……」などといっても、「その前に、資源も環境も無くなってしまうよ」といいたいのです。そのように設定されているからです。

環境に対するタイムリミット

以前の講演でもお話ししましたが、２０１０年というタイムリミットが、初めて「ジャパンタイムズ」の見出しになりました。最先端の情報では、２０１０年までに本当に大きな活動をしなければ、世界の珊瑚礁は全滅すると書いてありました。

珊瑚礁とは、どういうものなのか知っていますか？　世界の環境のバロメーターなのです。一番、敏感に宇宙の変化、太陽系の変化をキャッチする生命体です。だから、珊瑚礁が死んでいく具合を見れば、だいたい、全体が死んでいくスピードが解るわけです。

この十年で、珊瑚礁は全体の３０パーセントも死んでいます。約３分の１。もうメチャクチャです。

北極の氷が溶けるスピードがピークになるのは、二年前では２１００年という発表だったのですが、今や、珊瑚礁は２０１０年で全滅ですよ。

ということは、ものすごく科学はいい加減ということですね。自分たちが生きている間には、カタストロフは起こらないよと思わせたいのです。

初めて２０１０年というタイムリミットが公になったのですが、それまでに、環境への意識をものすごく高めなければ、本当にヤバイことになります。


グリーンピースが頑張って、エコロジー、エコロジーと言っても、現実には環境は悪化しています。ますます悪くなっています。

ブラジルの熱帯雨林も、リオ・デ・ジャネイロの会議以降も、もう一方的に悪くなっています。十二カ月という期間で、ベルギーに相当する面積の熱帯雨林が伐採されます。大豆を栽培するためです。

アマゾンの五分の一は、とっくに消滅しました。土壌が薄いので、伐採されたらカチカチになってしまい、元には戻りません。砂漠化する一方です。

Data File No.9

北極の氷がより早いスピードで溶ける

サテライトから見たグリーンランドの氷冠が溶ける速さは、科学者たちの予測をはるかに上回り、5年前と比べると2倍も速度を増していることが分かった。海面上昇と気象変化が、これから激しくなると予想されている。
（イギリス雑誌『ザ・インディペンデント』2006年2月17日付）

大気の問題、海洋の問題、珊瑚礁の問題、資源の問題、等々は、実は、人類の集団礫を表しているのです。こうした問題からは、逃げられません。すべての現状を知れば、逃げられないことがあらためて分かるでしょう。時間の問題です。そして時間は加速化している。

２０１０年までまだ余裕があると思ったら、ふっと気づくともう２００９年！意識はまだ変化していない……！　それではちょっと、遅いのですよ。

今の瞬間の生き方――神の子として生きる

この磔に対する受け入れ方は、二種類しかないのです。次の段階に至るために、意識的に「悦んで受け入れる」、それがアセンションという比喩で、そのストーリーがあるのですね。

もう一つは、「逃げたい」、「どうにかできる」、「そんな筈はない」という意識です。

現在では、日本でも電車の脱線事故、その翌々日にヘリコプターの墜落事故があって以来、日本人の辞書から「ありえない」という単語がなくなっているはずです。日本の安全神話は、すでに崩壊しているのです。

明日はどうなるのか？　どういうカオスが訪れるのか？　どんなありえないようなことが起きるのか？　想像すらできない世界になってきました。これが磔の始まりなのです。

でも私たちには、マスターのメッセージが残されています。

今の瞬間の生き方、今の素晴らしさ。明日、拷問されることなんか関係ない、神の子として生きる、今の瞬間はパーフェクトだと。

そういう意識に切り替えるスピード、そうしたテクニックを身に付けること、これがキリストのメッセージです。

すべては自分の責任、すべては自分の捉え方、すべては自分の意識のあり方、これを知ることが独立個人になることです。それを知ることで、これからのメチャクチャでカタストロフ的な時代を生き抜くことができるのです。

そのために、日本が私に教えてくれた禅の言葉が、「平常心」です。何があっても平常心という意識、それが釈迦意識であり、キリスト意識だということです。

すべては自分の意識のあり方だから、「天上天下唯我独尊」、「自分の世界では、自分が王様」、「独立個人」ということでしょう。

それを知れば、何が起きても慌てることはありません。それが、平常心という言葉の意味です。これが、みなさんの内なる神の王国の、本来の意識なのです。

平常心から何が生まれるかというと「共時性」、つまり、シンクロを自覚できる世界が広がってきます。人間はさらに偉大なる次元へシフトできるのです。

これを表現するのは、私が常にお話する「さなぎからチョウに変態する」昆虫の世界の比喩です。

今の人間をさなぎとしましょう。環境問題や権力争いによって束縛されている私たちの状態は、さなぎが固い殻にとじ込められている状態と同じでしょう。

しかしその同じさなぎの中に、別の次元で自由にはばたける蝶が存在しているのです。この一瞬一瞬を、最高に楽しむ蝶は、人間の進化後の状態を教えてくれているのではないでしょうか。

Data File No.10

蝶のメタモルフォーゼ(変容)とアセンション

メタモルフォーゼ＝metamorphosis（ドイツ語 Metamorphoseの変形）
1《形式》(魔力による)姿形[構造, 本質]の完全な変化
2（一般に, 外観・格・環境などの)著しい変化;変形[変容, 変化]した形[姿]
3［動］変態;[植]変態　4　[病]（組織の)変性, 変態

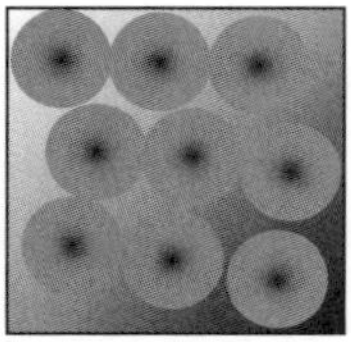

【卵】卵は木あるいは葉について、その環境でじっと動かずにいる。大自然はすべてを豊かに提供し、何の不足もない状態である。地球に例えるなら、太古の昔の状態と言える。

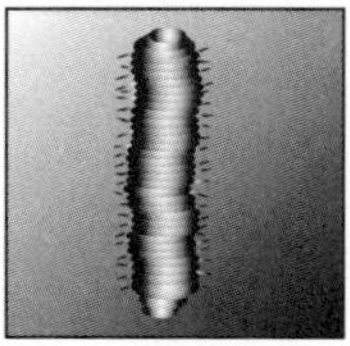

【幼虫】足がついて大きな口もあり、動き回りながら大量の食料を常に食べ続け、何回も脱皮して成長する。人間に例えれば３キロの赤ちゃんが80トンまで成長するのと同じほどである。地球に例えるなら、文明の急成長期といえよう。環境を食べながら巨大化するのだ。

【繭】動かない固定化した環境の中で、幼虫の内臓は溶けてしまい、一度死んだような状態になる。ブレイク・ダウンともいい、地球に例えるなら現代文明、つまり今の状態である。

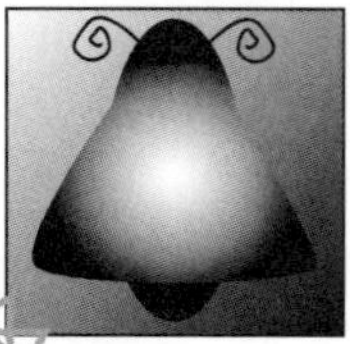

【成虫】エクディステロンという化学物質の分泌によって、溶けた内臓が新しい内臓に蘇り、中にできた蛾の口から生涯で一度しか分泌されない液体が出て、周りの繭を溶かすのだ。そして新しい生命体として誕生するのである。

秘密結社の系譜―テンプル騎士団の秘密
～アヌンナキの血脈の正体

本編は、私が2004年に行った講演が基になっています。
それに、説明などを加えました。

二種類の情報――「ノイズ」と「シグナル」

英語で秘密はシークレットですね。その秘密によく似た言葉が「Secrete（シクリート）」ですが、これにはあるヒントが含まれています。

英語の語源はいろいろと面白いのですが、シクリートの意味は「分泌する」です。

この「分泌する」と「秘密」との関係を話したいと思います。

我々人類の誕生の地、イラクからエジプト、イスラエル、アイルランド、スコットランド、アメリカ、そして、今のそれぞれのみなさんの場所にまで辿り着くような流れで進めます。

古いイラクやイスラエルが、みなさんと何の関係があるのかと思うかもしれませんが、実際に今のみなさんの生活や、これから起きる世界的な変化に、とても関わりが深い話なのです。

ですから、わけの分からない昔話ではなく、みなさんのためになる話を

NOISE／SIGNAL RATIO = 80／20

させて戴きます。

まずテンプル騎士団とは何かをご存じでしょうか。テンプル騎士団についてはいろいろとあるわけですが、どんな時にも、情報には二種類あります。私もセミナーなどを行っている「リモートビューイング」で学んだことですが、二種類とは、「ノイズ」と「シグナル」です。

「ノイズ」は直訳すると「うるさい音」ということですが、例えば、昔のラジオではある局にチューニングするときに、わけの分からない雑音がしますね。それが「ノイズ」です。それに対して、ピッタリとチューニングすると音をきれいに聞き取れますね。それが「シグナル」です。

リモートビューイングとは、設定したターゲットを「透視する」ということなのです。

例えば、ピラミッドがターゲットだとすると、そのピラミッドについての事を間違いなく検証、確認できる情報があれば、それが「シグナル」なのです。

ピラミッドを巡るおとぎ話、神話、伝説、などなど、検証できないような話はたくさんありますね。ピラミッドの下に、何かがあるとか無いとか、実証検分もできないくせに、なぜそんなことが言えるのかと聞きたいですが、そうした事を「ノイズ」といいます。

今の世の中では、情報戦争が行なわれているのです。対テロ戦争ではなく、インフォウォーズ（情報戦争）です。非常にハイレベルな情報操作が行なわれています。「ノイズ」だらけの世の中になっているのです。割合としては「ノイズ」が八割、「シグナル」が二割と考えてもらえばいいでしょう。

私は、自分が提供する情報で「ノイズ」をできるだけ少なくするために、長い間研究をしてきました。バラバラのピースとなったこのストーリー全体のパズルゲームを完成させるために、十年かかりました。

二十パーセントの「シグナル」に対して、八十パーセンの「ノイズ」が、あちらこちらに散乱しています。その「ノイズ」とは例えば、テンプル騎士団は悪い連中だとか、悪いフリーメイソンだとかいうことです。けれども、そんな単純なものではありません。白か黒かの世界にならないように、注意していただきたいと思います。

情報操作の裏側——イラク戦争の真実

ではイラクから出発します。ご存じのようにイラク戦争には、テレビドラマのようなシナリオが豊富に含まれていましたが、テレビに出た情報は、ほとんど「ノイズ」なのですよ。

イラク戦争では、新しい種類の記者が誕生しました。これが「エンベデット・ジャーナリスト」ということです。エンベデットとは、軍隊と生活を共にしながら一緒に行動して、実際の戦場に出て、そこからリポートするということです。

この新しいタイプの記者がいたので、これは絶対に間違いのない情報だと思いこまされるといった洗脳を受けたわけです。

つまり、軍隊と一緒にいるということは、記者がどこにいるか、どこをリポートするかということを権力者が把握しているということで

The Iraq war = The tower of Babel
= Lies of confused speech.

す。だから、都合の悪いところは取材させないですむというふうに、記者を逆操作することもできるんですね。時代の最先端をいく、新しいジャーナリズムだと思わされていますが、まったくそうじゃないのですよ。

もちろん、従来のフリーランスのジャーナリストもイラクにはおおぜいいました。彼らがどうなったか知っていますか？　撃たれたのです。

たくさんの記者が米軍によって殺され、米軍はこれはアクシデントだと弁明していますが、本当は意図的に殺されたのです。その理由はお分かりでしょう、都合の悪い情報を報道されたくないからです。

その場の情報をサテライトを使って伝達しようとしたら、手にしたカメラが血だらけになったという場面が少なくはなかったのです。

これはあまり知られていないと思います。私は毎日のようにインターネットを徹底的に使っているのですが、私のような研究家のグループは世界中にあって、フレッシュなニュースは毎日のように入ってきます。

あの戦争で、十九歳の女性兵士が奇跡的に救出されたという、一つのヒーローストーリー、正確にはヒロインストーリーが出てきましたね。

すごく可愛い米軍の女性兵士が、イラク兵に撃たれてボロボロになっていたのを米軍に救われた場面がテレビで放映されて、アメリカ中が沸き返ったのでしたね。まるで映画の一シーンのようでしたが、ここでこのイベントを「ノイズ」と「シグナル」に分けていきたいと思います。

まず彼女は、一発も撃たれていなかったのです。その怪我は、交通事故による上腕骨骨折、大腿骨骨折だったことが分かりました。これは、彼女を手当したお医者さんからのリポートです。

そして、彼女がいる病院を米軍が徹底的に攻撃する場面が出てきましたが、敵、すなわちイラクの兵隊は、そこに一人もいなかったのですよ。だから、彼女を治療していたイラクの医者たちはみんな驚いて「どうなっているんだ？」と唖然としていたわけです。

バッバッバッと銃を撃ちながら米軍が入ってきたのに、そこには誰もいないのです。これは一体どういうこと？

これが情報操作です。みなさんに提供されたのは「ノイズ」です。その演出を誰が手伝ったかというと、「ブラックホーク・ダウン」という戦争映画を撮った、アメリカの有名な監督です。この監督がブッシュたちと相談して、素晴らしく感動的な救出の場面を演出したわけです。

これが「シグナル」です。これが本当の情報なのです。あとは「ノイズ」だらけです。

でも一般人は「ノイズ」だらけの世界しか知らないので、演出された場面を信じ込まされてしまうのです。

このイラク戦争は一つの簡単な例ですが、全てのマスメディアの情報は「ノイズ」がエスカレートしていて、何が真実かが分かり難いのです。

アヌンナキ――宇宙船で降り立った偉大なる生命体

なぜ、ブッシュはイラクを攻撃したのか。それとも関係がありますが、「テンプル騎士団の秘密」の出発点はイラクです。けれどもそれは、教科書に書かれているような六千年前のイラクではありません。もっと、もっと古い、約二十万年前から始まるイラクの話です。

「アヌンナキ」という天から地に降り立った者たちがいました。旧約聖書では「エロヒム」あるいは「ネフリン」という存在です。

十年間、私はあらゆる角度から検証したのですが、どう考えても、この仮説は「シグナル」だらけだと納得できました。

アヌンナキのリーダーは「アヌ」といいます。アヌには二人の息子がいたのですが、その名前は「エンキ」と「エンリル」です。

このエンキとエンリルが、私たちの二元性の始まりになったと考えてください。全てには二元性がありますね。プラスとマイナス、陰と陽、良い悪い、などの二元性は、私たちのDNAに関わっているのではないかと思います。このエンキの言霊としては、人間のDNAの「塩基」との一致があるのです。

そしてそのDNAには、二本のラセンがありますね。ここから二元性が始まったのではないでしょうか？　もし一本だったら「唯一」という世界にいるのだと思います。ラセンが二本あるから二元性があり、それ

DNA designer babies is an old concept.

はＤＮＡにプログラムされているのではないでしょうか。

ちょっと想像し難いかもしれませんが、四十万年前に宇宙のかなたから地球のイラクに降り立った者たちは宇宙船で飛来したということは、ほぼ間違いありません。

現在、イラクの古代シュメールの博物館から毎日のように収納品が盗まれ、どこかに持ち出されています。これも、ブッシュがイラクを攻撃したことに関わっているポイントなのです。価値を計ることができないほどの偉大な情報を持つ文献が、現在のイラクで毎日のように盗まれているのです。

これは偶然ではありません。あの情報が、国連の人たちに調べられたら「これは何だ！？」ということになるでしょう。

実はそれには、私たち人類のルーツについての情報が、クサビ型文字として刻まれているのです。アヌンナキという偉大なる生命体が、宇宙船で降り立ったということを、はっきり物語っているものです。

これを隠すという目的も、イラク戦争の大きな要因の一つとなっていたと思われます。

Data File No.11

アヌンナキが人類を創造したのだろうか？

▼下図ののシンボルのＡとＢは、シュメールにあったアヌンナキのもので、ＤＮＡを意味しているという。さらにＣは現代科学が解明したＤＮＡの二重らせんである。この奇妙な符合は偶然の一致ではない。

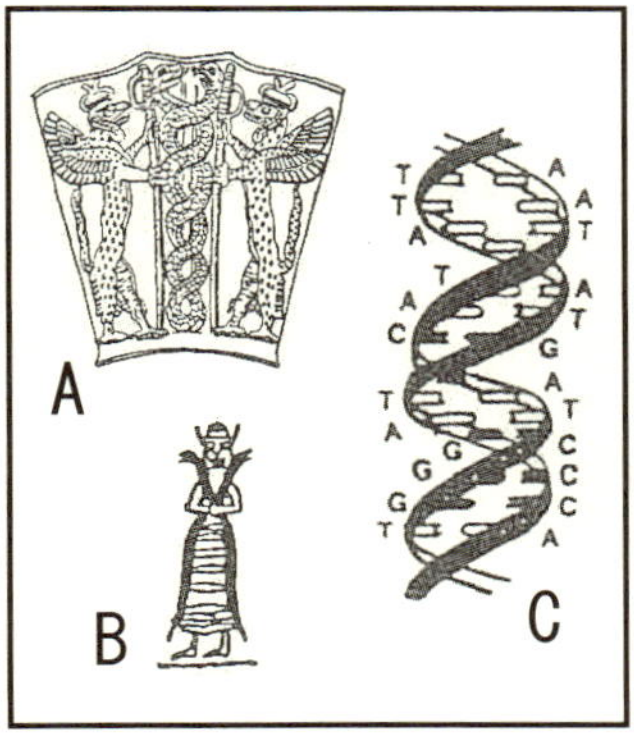

さらにシッチン氏は、旧約聖書は古代シュメールの神話にもとづいていると述べている。聖書の以下の記述を見比べていただきたい。

【創世記　1-26】
神は言われた。「我々にかたどり我々に似せて、人を作ろう」
【創世記　1-27】
神は御自分をかたどって創造された。
神にかたどって創造された。
（※26と27の違いは複数と単数である。）

シッチン氏もこの単数と複数の違いを強く指摘。もとの古代シュメールの文章では、「神々」と複数形になっていると主張した。

「私の手でこれを作った」

◀左図は、ニンフルサグというアヌンナキの科学者が、遺伝子操作で人間誕生に成功したことを表現していると解読された

【創世記　6-4】
「当時もその後も、地上にはネフィリムがいた。これは神の子らが人の娘たちのところに入って産ませたものであり、大昔の名高い英雄たちであった」

※最初の人間は、猿類とアヌンナキのDNAでクローンされた。名前は「ルル」と呼ばれ「かけ合わせたもの」、さらに「奴隷」という意味だ。

古代シュメールで始まったアダマ・プロジェクトとは？

そして、アヌンナキは古代シュメールのエリアで一つのプロジェクトを始めたのです。それを「アダマ・プロジェクト」と言いますが、我々を創造して働き手として使い、ゴールドを発掘するプロジェクトだったのです。だから、私たちは猿から進化したわけじゃないのですね。

「アダマ」は、土塊とか粘土という意味ですが、これは旧約聖書の神が土塊からアダムを創ったということにつながります。アダマとはアダムのことですね。

全地球でのプロジェクトだったのですが、リーダーとなるメインの担当者は二人いました。それはエンキとエンリルで、2人はまったく正反対の性格だったのです。

エンキは、右脳的で感情豊かで、精神性が高く人間思いの生命体でした。そのエンキから、あらゆる宗教の伝統や精神文化が生まれたのです。

そして、時代と共にその名前も変化していったのです。エンキはその後、イクナトン、モーゼ、そしてキリストとなっていきました。それがエンキの血のDN

Data File No.12

人類と類人猿の違い

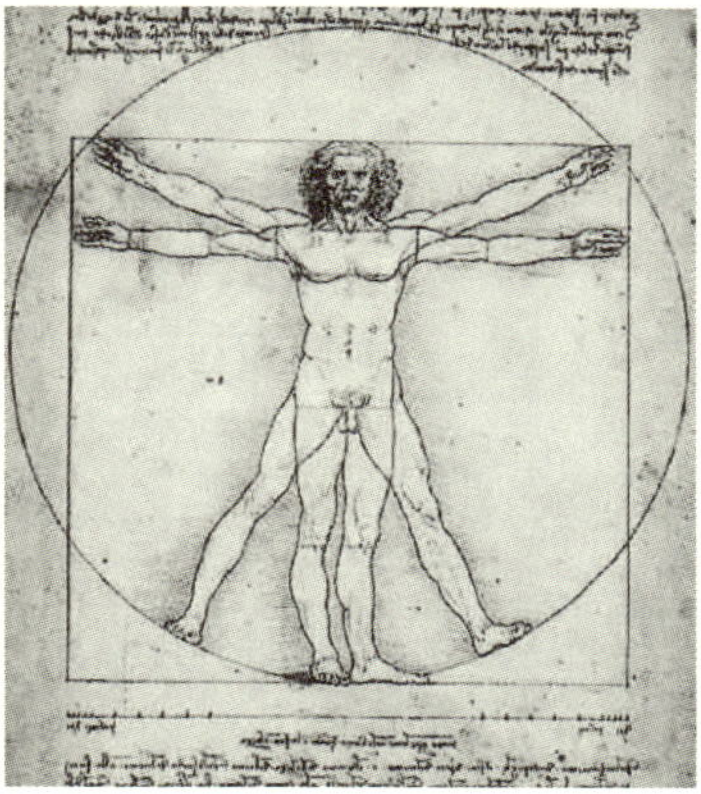

人間

●染色体の数：46
●骨の重さ：比較的軽い
●筋肉と皮膚：皮膚ガンになるほど弱い。体毛がほとんどない。髪や爪が伸びる
●脂肪：猿の約10倍
●遺伝病：4000種以上
●DNA：96～99％までチンパンジーと同じ

チンパンジー

●染色体の数：48
●骨の重さ：かなり重い
●筋肉と皮膚：肉体の力は人間の5～10倍。毛で覆われているが、髪の毛や爪は伸びない
●遺伝病：なし
●DNA：96～99％まで人間と同じだが、その違いはとてつもなく大きい

Aの流れなのです。

想像してもらいたいのですが、エンキは非常にポジティブで、我々人間のことをとてもよく考えてくれていて、人間のことが大好きだったのです。

一方、エンリルは正反対です。左脳的で、ものすごく冷淡で、科学的でコントロール主義です。

これが「パワー」と「フォース」の違いですね。パワーと、フォースによるコントロールという二元性の宇宙に、今も我々はいるわけです。

本当のパワーとは、みなさんの心の中にあるエネルギーです。それに対する勢力がフォースなのです。エンリルはフォースで、エンキは意識レベルの高い本当のパワーが溢れる生命体だったのです。

実は、エンキには「ニンフルサグ」という女性がいました。ニンフルサグは、彼の兄弟でありながら彼のワイフでした。

こういうことはよくありますね。オシリスとイシスの話、キリストとマリアの関係もそういう部分があるのです。ワイフでありながらシスターでもあるという話なんですね。

今でいう遺伝子操作であり、つまり最近注目されている「デザイナーベービー」(今の医学では、両親のＤＮＡの欠陥をとり除き、交配させることが可能である)をこのころすでにやっていたということです。

これは、自分の兄弟とセックスすることによって、自分の豊かなＤＮＡを非常にレベルの高い状態でキープすることができるということからきているのです。

テンプル騎士団の一つの象徴に「聖杯」がありますが、聖杯の、元の元はイラクです。丸に十が聖杯のシンボルですが、これを「Graal（グラール）」と言い、血の繋がりを意味しています。（図1）

その頃、彼らの手足となって働く、クローンを創るプロジェクトがありました。アヌンナキたちは、働き手となる人々を得るために、クローンを創らざるをえなかったのです。

アヌンナキの寿命は、非常に長くて一千年ぐらいですが、彼らのＤＮＡとホモエレクトスという類人猿のＤＮ

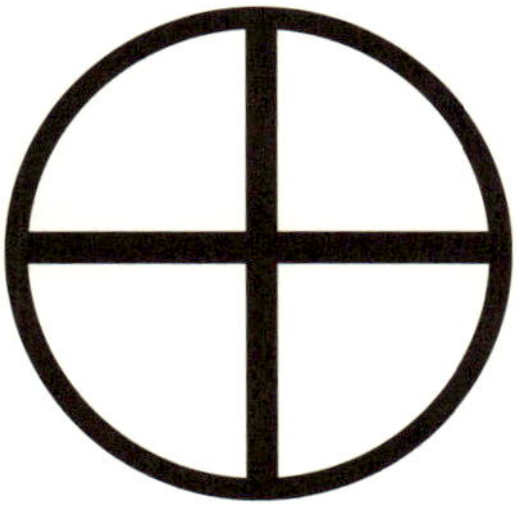

図　1

Aを操作して、なかなか賢いクローンを創ることに成功しました。

エンキとニンフルサグのプロジェクトが成功したことから、アヌンナキの血の繋がりのストーリーが始まりました。それが聖杯の意味するところです。

古代アヌンナキのシンボルは、今の医学の世界で〝caduceus〟（カデュセウス）と呼ばれています。この図の中心の線は脊髄を表わしていて、それを囲う二本のラセンは、運動神経と知覚神経ですが、ＤＮＡも意味しています。（図２参照）

上部にある羽根のようなものは大脳皮質の右脳と左脳を意味しています。そして中心にあるポイントは松果体です。だから、テンプル騎士団の秘密の最初のヒントは、松果体にあると理解してください。

そして、さきほど話した、「シークレット」と「シクリート」、「秘密」と「分泌する」という意味の関係性がここで明らかになってきます。つまり、松果体から分泌す

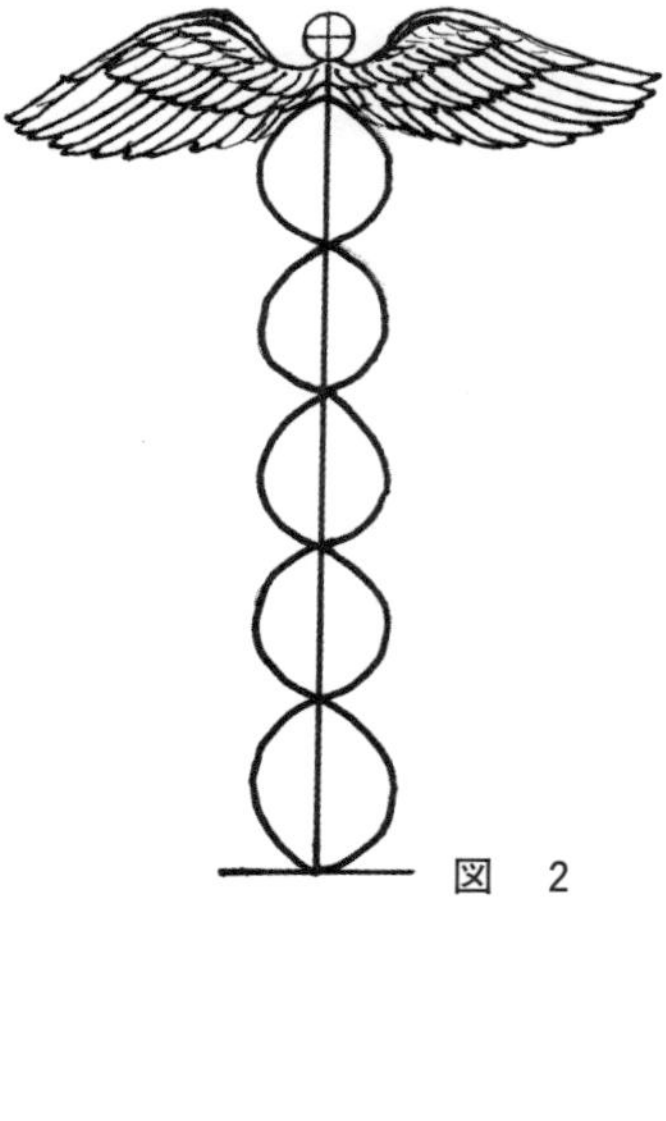

図　2

るものに秘密があるのです。

全ては、このエンキとエンリルの時代から始まりました。エンキのシンボルは蛇であり、エデンの神話に登場する蛇とは、実はエンキのことなのです。このエンキとエンリルが、後日、旧約聖書のカインとアベルの話になり、今日に至るまで続いています。

ニビルの接近による大カタストロフ

いろんな展開があったのですが、この二十万年前のプロジェクトはここでちょっとおいといて、六千年前の大洪水の後の話に移ります。

エンキは人類を救いたいと思っていたので、シュメールでは違う名前になっていますが（それは UTNAPISHTIM ウトナピシュティムで後にノアとなる）、ノアに大洪水の前、「これからえらいことになるよ」と警告をしたのです。

自分たちの惑星であるニビルの三千六百年ごとの接近が、大きなカタストロフを引き起こすことが多かったからです。

エンキには、大洪水が起こることがはっきりと分かっていたのです。その時のニビルの軌道を測定して、ポールシフトや大洪水が起きることにより、人類は滅亡すると思ったのです。

その時、心が非常に冷たいエンリルは、「それでいい。奴らは少し賢くなりすぎて、やかましくなってきたので全員殺せ」と思ったのです。

だから、人類に知らせずに見過ごそうとしました。エンリルはプロジェクトの始めから、「こいつらは使い終わったら、全部殺してしまおう」と思っていたからです。こういう犠牲者としてかたづけるやり方は、今日まで続いています。例えば、自由のために政権を変えようということで、兵士や罪のない市民を皆殺しにすることなどです。

エンキとニンフルサグは、自分の創った生命体に愛着を持っていたのですが、今でいえば、人間とペットのワンちゃんとの関係に近いんですね。

今、街を歩いたら分かるように、ワンちゃんに服を着せたり、喫茶店に連れていったり、ワンちゃん専用の美容サロンもあるじゃないですか。アヌンナキと

Data File No.13

ニビルはすでに太陽系に侵入している!?

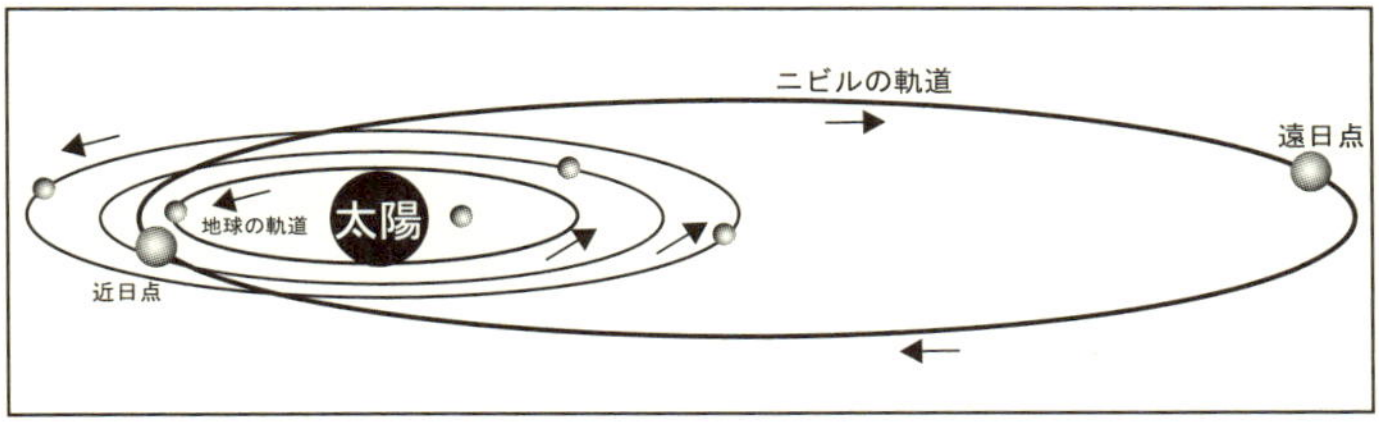

太陽系外から侵入するニビル(上図を参照)は、すでに太陽系の外側から中心に向かってそれぞれの惑星に影響(下図を参照)を及ぼし始めている。その詳細はデータファイル7を参照してもらいたい。

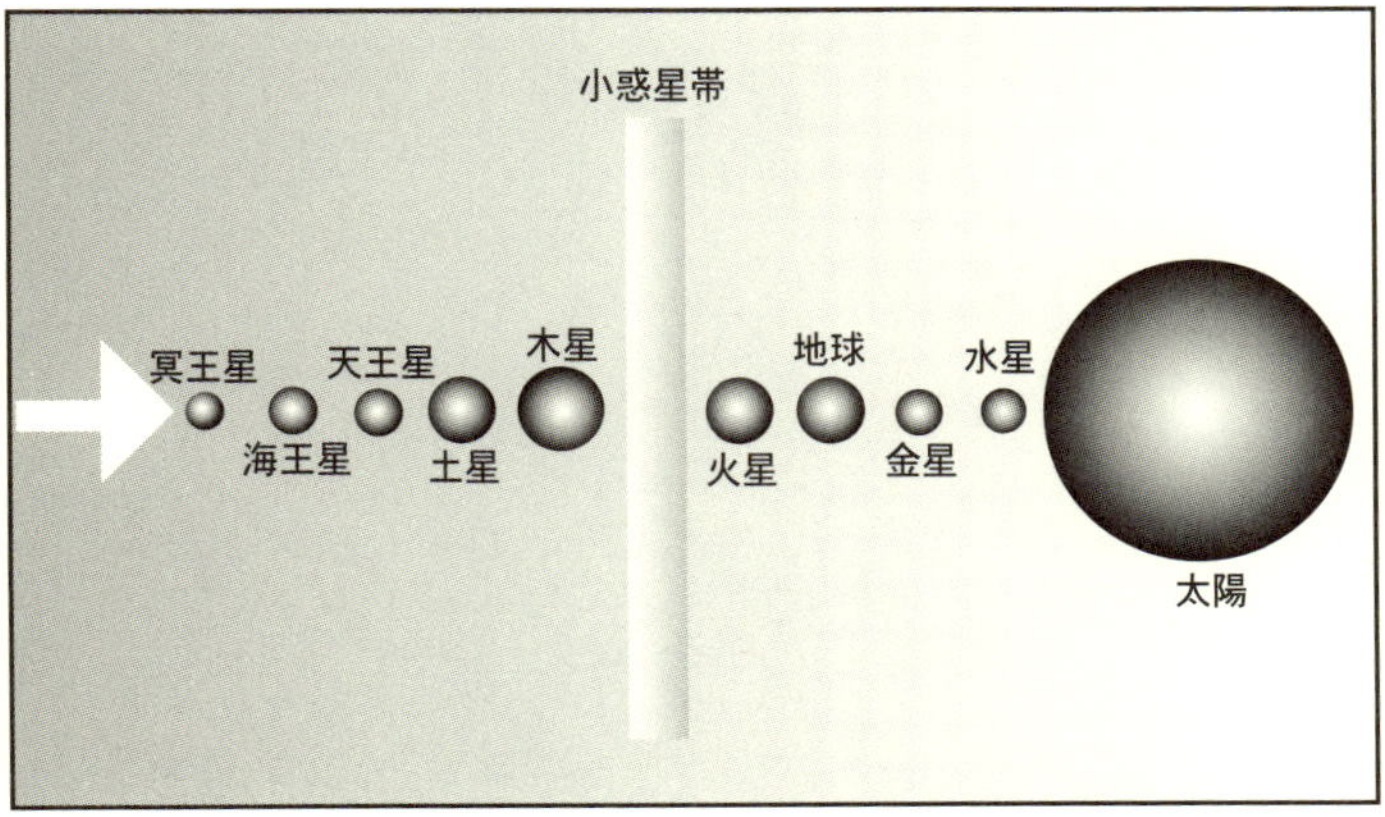

我々の関係は、そういう関係だったように思えます。偉大な生命体と、それよりちょっとレベルの低い生命体といった関係だったのでしょう。

それから、それぞれのクローンの遺伝子の中に、アヌンナキの遺伝子が占める割合は同じではありませんでした。つまり、世の中を治めるために、自分たちのレベルに近い生命体も必要ではないかと思い、差をつけたのですね。

これからの世の中も遺伝子の謎が、もっと解明されていくにつれて、お金のある人たちは自分のＤＮＡから最良のものを残し、子孫を残していくことになるでしょう。これがまさに「デザイナーベービー」であり、つまり子どもをデザインして造る時代が再び訪れています。アヌンナキは確かに戻ってきているのです。

全ての文明はシュメールから始まったとされていますが、古代シュメールはインスタント・シビライゼーションと呼ばれています。突然、文明が起きたのです。これは、おとぎ話や神話ではありません、

文学、科学、天文学、法律などが、突然でき上がったのですね。けれども、どこかの洞窟から出てきた類人猿が、そんなものを突然、創れるわけないでしょう。

ナンセンスです。

このように、私たちが教えられてきた歴史はほとんどが「ノイズ」だからです。本当の歴史は違うのです。

話を戻すと、一万二千年ほど前の大洪水から六十年くらい経って、改めて地球に生命や文明を起こすプロジェクトが生まれました。アヌンナキが再び地球に降り立って、「もう一回やろう」と始めたのです。

それが、大洪水の前に、ノアが動物を箱船に一杯詰め込んだという話です。でも、実はそれは、DNAのサンプルをアークの中に入れて保存しろという命令だったのです。

そして、大洪水が始まると、再び文明が起こり、生命体がもう一度、創造されました。

DNAをレベルアップさせる松果体

古代イラクにおいては、DNAの全ての秘密とテクノロジーが分かっていました。そしてアヌンナキが創ったクローンのDNAのレベルをアップするために、そして自分たち自身のDNAのレベルアップをするために、常に科学的な発想を持っていたのです。

ここで再び松果体の話をします。DNAをレベルアップするためには、我々の脳の中心に位置する松果体を活性化させる必要があるのです。松果体を活性化させることによってDNAが変化し、寿命も長くなり、あらゆる超能力も可能になり、病気にもかからないようになります。

そしてアヌンナキのDNAには、高次元宇宙にアクセスするレセプターがあるのです。それがほぼ全部、活性化されているわけですからものすごくレベルが高いのですね。彼らと人間との差は、人間とモンキーの違いぐらいあります。

DNA contains a multidimensional language.Somebody programmed that.

Data File No.14

解明されていくDNAの基本情報

人間の身体には、23対の染色体があり、その中の22個は常染色体と呼ばれ、X染色体とY染色体の付け加えで性別が決まる。

- 染色体の細胞の遺伝情報はDNAにある。
- DNAの中心物質は４つの塩基であり、その４つは、A、C、G、Tと呼ばれている。
- DNAは1953年にフランシス・クリック氏とジェイムズ・ワトソン氏によって発見された。

●ゲノム・プロジェクト

このプロジェクトは長い年月で行なわれ、最近、人間の遺伝情報を解明することができた。

人間と93％以上同じ遺伝子を持っているチンパンジー

- 人間の10万から14万の遺伝子を発見する見込みがあったが、実は３万ほどしかないことがわかった。
- フルートフライという種類のハエには１万3600個ほど、ミミズには１万9100個ほどの遺伝子があることが解明された。
- 人間とチンパンジーの遺伝子は、93％～98％までがまったく同じだと解明された。ちなみに人間とネズミでは70％が同じだった。
- しかし、人間の中に今までの進化の過程にはなかった223個の遺伝子が発見された。科学者が首を傾げた理由は、これらの遺伝子はどこから来たのか、ということだ。説明としては、バクテリアの影響によるものだと仮説したが検証されていない。223個とは、人間の遺伝子のほぼ１％にあたり、それは人間とチンパンジーの違いが１％から４％であるのと同じレベルの数と言える。したがって人間が猿から進化したという仮説は、この223個の遺伝子によって覆される。

※現代科学の最大の謎は人間の進化であり、ここで述べた情報ではダーウィン論は、まったく通用しないこととなる。

「この飛躍（223個の遺伝子）は現在の進化のすべての仮説には適用しないのだ。」

スティーブン・シュレーラー

ある物質を使って、松果体を究極的に活性化させ、自分たちの寿命を非常に長くすることに成功したアヌンナキたちは、地球を治めさせるために創った生命体にも、その秘密を伝えました。

だから、ごく一部の人間たちの寿命は長かったのですが、秘密を伝えられていないその他の人間のDNAのレベルは非常に低かったのです。寿命も短い。しょっちゅう病気する。超能力もない。三次元しか分からない。これは私たちですね。

反重力の現象を起こす〝Shem—An—Na〟（シェム—アン—ナ）

これは非常に複雑なストーリーなのです。今回は部分的なポイントのみを明かしますが、古代イラクのアヌンナキたちは、一つのシークレットを知っていたのです。

そのシークレットは「シェム—アン—ナ」です。これはシュメールの言語なのですが、直訳すれば、「スターファイヤー（星の火）」という意味です。光と関係するものですね。

じゃあ、この「シェムーアンーナ」とはどういうものであったのか？

これは松果体を活性化させるだけではなく、反重力の現象を起こすことができる物質です。

今の我々の世界の表現で言えば〝monoatomic gold〟（ホワイトゴールド）ということです。「賢者の石」、「聖杯」、そして「幻のアーク」、全部、関係してくるのです。

クローンを創造したのはゴールドを採掘させるためでもあったのですが、なぜ、アヌンナキは、そんなにもゴールドを手に入れたかったのか？

ゼカリア・シッチン（言語学者、考古学者。シュメール語を解読できる世界に数少ない学者の一人）の話では、彼らの星、ニビルの大気が崩壊しつつあったからだとのことです。崩壊を防ぐために、たくさんのゴールドを掻き集めて、そのゴールドをダスト状に変え、大きな装置を使って自分の星の大気に放出させるシステムを考えていたそうなのです。

だからゴールドが必要だったとゼカリア・シッチンは言うわけですが、本当は別の目的もありました。

我々の世界でもなぜ、「金」というものがそんなに価値が高いのでしょう？　単なる柔らかいキラキラしている金属でしょう。それがそんなにすごいものなのでしょうか？　確かに綺麗ではありますが、でもプラチナも綺麗だし、シルバーも綺麗ですよね。

では、なぜゴールドだけが特別な地位にあるのかというと、これが練金術の秘密なのです。実は、ゴールドに火を加える、あるタイミングが分かれば、ゴールドという物質は変身してしまうのです。白いパウダーという、まったく別なものに変わってしまいます。

その変身した「ホワイトゴールド」（俗にいう白金とはちがう）、つまり「シェムーアンーナ」というものは、ゴールドが高次元に変身した姿です。高次元と三次元の間に働きかけるような作用があります。

本当の錬金術の目的

全ての物質には、いろんな姿があるんですね。我々の肉体としての姿は三次元ですが、高次元での姿はまったく違うのです。その姿は、「光体」です。その光体はみなさんにあります。

エジプトの話になりますが、その光体、つまりライトボディを養成するための物質をファラオが使ったという事実があります。それは「ホワイトゴールド」で、これは偉大なシークレットなのですね。

この「ホワイトゴールド」を使えば、物質の重さの46パーセントは無くなります。そこで大きな石を動かすことができて、反重力の現象を起こすのです。

それを体内に入れれば、松果体を活性化させ、DNAが光だらけになります。

DNAの中にあるバイオフォトンには微かな光があるのですが、それを増大させるんですね。今の時代にも、その方法はいろいろありますが、まだまだレベルが低いのです。

本当の錬金術の目的は、永遠の存在になるために、光体が永遠に生き続けるために、DNAを活性化してアセンションができるようにすることです。

アヌンナキには、この全ての秘密が分かっていて、だからこの地球とい

You are made of light.

Data File No.15

DNAとバイオフォトンのすべて

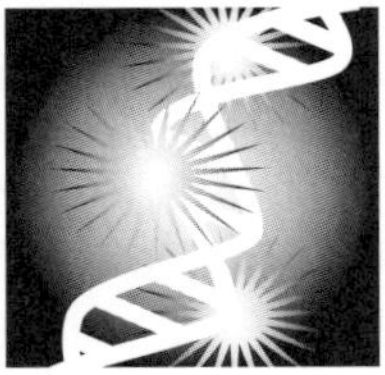
DNAの中のバイオフォトン

フリッツ・アルバート・ポップ

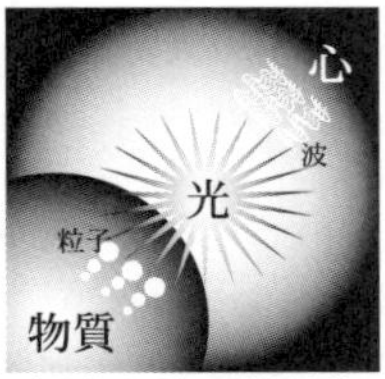

光は粒子と波の両側面を持つ

- バイオフォトン(生体光子)とは、生命体の細胞にある「光」である。
- その光は、とても微弱に放出する電磁波だ。
- 肉眼では見えないが精密機械で測定できる。
- 全身の細胞や臓器に「光の巣」のようにDNAに蓄えられ、そして放出と吸収を繰り返す。
- 最初の発見は、1923年ロシアの生物学者アレキサンダー・グルビッチによるものだった。
- 50年後の1974年、フリッツ・アルバート・ポップがDNAにおけるバイオフォトンの存在を立証し、レーザーのような光の特性を発見した。
- ノーベル賞受賞者イリア・プリゴニンにも確認された。
- 国際生体物理学研究所では1992年から研究が始まった。
- 病気のDNA細胞は光の信号によって伝達し、他の細胞を死に至らせることもできる。
- バイオフォトンは、情報の送信も受信もする。これは、電磁波的な生物情報伝導システムである。
- 全てのDNA生命体にあるバイオフォトンは、おそらく共通の「光の言語」である。
- オーラはバイオフォトンが元になっている。
- 気、プラナ、ライフフォースなどは、バイオフォトンのことを意味している。
- 人間は電磁波的な存在である＝光
- 周りの電磁場が変化すると、DNAも変化する。
- 我々は太陽の光を栄養源としている＝我々は光を食べている。
- フォトンは物質(目に見える世界)と心(目に見えない世界)を繋ぐ究極の架け橋である。

う惑星にきたのです。ゴールドを手に入れられれば、「バンザイ！」だったんですね。

このようにアヌンナキは、ものすごくハイレベルなサイエンティスト達でした。それと同時にスピリチュアリティーのレベルも高いエンキ派なのです。

でも、科学的な部分を引き継いだエンリル派もあるんですね。

ホワイトゴールドによる自由のコントロール、宗教のコントロール、政治のコントロール、人間の脳神経系のコントロールを知っていたエンリル派は、こうしたシステムを知らないクローンたちに知らせたらいけない、あいつらが我々みたいに変わったら大変なことになる、コントロールを失ってしまうじゃないかと考えました。

それが、その後にも延々と続くパワー・ストラグル（権力争い）の原因となるのですが、現代の地球上でも同じことを延々とやっているわけですね。

この世の中を支配しようとしている連中は、確かに存在します。新世界秩序に向かって、大きなプログラミングをしている最中です。

だから、「そんなはずはない、ＤＮＡは、そんなものではない」と、こうした情報を絶対的に否定するのです。

でも、本当は違います。みなさんには、DNAを活性化してアセンションができるような可能性があるのです。だからよく理解して、納得してほしいのです。

その「ホワイトゴールド」はどこで手に入るのかといえば、実はこの地球上に存在しています。

アメリカの「デヴィッド・ハドソン」という研究家が発見しました。商品化されているので使ってみたのですが、もう一つピュアじゃありませんでした。「ノイズ」が入っているのですね。

本物のホワイトパウダーを手に入れられれば、それこそが「聖杯」なのです。そして「賢者の石」なのです。賢者の石は、そうした言葉に直訳されたものですが、すなわち究極の物質を意味します。

エンキとエンリルのパワー・ストラグル

エンキとエンリルのパワー・ストラグルは延々と続いています。

六千年前にはシュメール文明が始まり、その時にアヌンナキは「これが最後だ。私たちは地球から去ります」となったのです。

そして、「後は、お前たちに任せる」ということで、王室システムをこの世の中に植えつけました。

本当の王室システムは、力で治めるのではないのです。

治める権利のある人は、ものすごく知性が高く、寿命が長く、病気をしないのです。そんな優れた生命体であるからこそ、低い次元の人たちの面倒を見てあげられる、というのが本来の王室システムです。

天皇陛下のルーツは神でしょう。天皇システムもやはりここからきているのですね。これも全部、アヌンナキの話で分かります。だから、天皇システムではなによりも血の継承を重視しているのです。

王室はＤＮＡが違うのですよ。だから、ＤＮＡが純粋に保たれるように結婚相手も選び、絶対よその人と結婚しないようにしていました。

そんな優れた生命体が世の中を正しく治めるシステムは、アヌンナキのエンキ派から始まったのです。

その兄弟のエンリルは腹黒い奴で、別のコントロールシステムを使おうとしました。つまり、権力を使って人間をコントロールしようとしたのです。

今まさに、その二つのシステムが世の中を動かしているまっ最中なのです。今、エンリル派が堂々とみんなを強力にコントロールしているのは、別につまらない「陰謀論」でもなんでもありません。これは現実です。

全てのイベントが予言されている「バイブル・コード」

一方、これからどうなるかというシナリオができています。私のホームページでも紹介していますが、それが「バイブル・コード」です。

バイブルコードとは、聖書に暗号がある、全てのイベントが予言されている、そして今まで百パーセント当たっているということです。

その中には酷い予言もあります。テロのイベントで核兵器を使う。それこそがハルマゲドンの始まりで、遠くない将来に第三次世界大戦が始まるということです。

予言はこれまで、すべて的中しています。ラビン大統領の暗殺も含めて、その暗号の中には、アラファトの名前も、シャロンの名前も、ブッシュの名前も入っているわけです。これは突拍子もないことでもナンセンスな話でもありません。

これを発見した博士はユダヤ人ですが、エルサレムの大学で教えている、世界でトップクラスの数学者の一人です。

コンピューターがなければ、この暗号を解読できなかったのですが、それでも、「アイザック・ニュートン」の時代から、聖書の中には絶対に暗号が秘められているというインスピレーションはあったのです。

もちろん反論する人は大勢いたのですが、一人も納得できるような説明をできませんでした。だから、この予言は正しいのではないかと思えるのです。

その「バイブル・コード」の中にさらに驚くべき情報があったのです。

DNAの暗号とバイブルの暗号という二つの暗号の元のソースが、今の地球上にあるというのです。そして鉄のアークの中に隠されていて、死海にあるという情報を得ました。

そこに行けば、地球外の神たちが置いた鉄のアークがあると、地名までちゃんと書いてあるのです。

このバイブル・コードが解明されたとき、私は「やった！」と思いました。アヌンナキの仮説が、ぜんぜん違う形で検証されつつあるということです。もうバレてきています。だから二～三年後には、「我々はアヌンナキに創造された」という仮説が常識になるという変化が起きるでしょう。

偉大なる生命体によって、大宇宙のプロジェクトの中で、我々は創造されたのです。

「俺たちはモンキーから進化したわけじゃない」。「本来の姿はそんな低次元な惨めな奴と違う」。これに気付くだけで人間の意識は変化します。

しかし、エンキとエンリルという二つの派は、今も争っている最中なのです。これらの二つの血の繋がりは、とても大切な役割を果しています。

そのレベルの高いエンキのＤＮＡを保っている生命体は、生まれながらに治める権利があるのです。本当のエンキ派の血の繋がりがある人たちは、非常に意識レベルが高いわけですから、人のことを考え、世の中のことを考えます。エンリル派のようにトリックを使って不動産を乗っ取ったり、9・11のテロのシナリオを書いてみんなを騙すようなものではありません。

その血の繋がりのある人たちは、今も生きています。だから、我々のDNAを解明すれば全てが分かるのです。テンプル騎士団は、これに非常に深い関連性があるのです。

エジプトの錬金術

さて、イラクからエジプトに移動します。エジプトの情報はイラクから来たという説がありますが、私はそうは思いません。

イラクもエジプトも、同じアヌンナキによって管理されたエリアなのです。イラクのプロジェクトチーフがAさんだとしたら、エジプトにはBさんが行き、ピラミッドを建設したのです。

エンキの別名は「トート」ですが、トート神は鳥のようなクチバシをしています。そのトートがギリシャでは「ヘルメス」、あるいは「マーキュリー」になるわけです。水星（マーキュリー）のシンボルは、古代アヌンナキの「カデュセウス」と同じです。

そのマーキューリーという惑星が、太陽を横切るというイベントが数年前あって、私は外に出て観察してみようと思ったのですが、小さくて見えませんでした。でも、とても象徴的だと思いました。

マーキュリー、ヘルメス、そしてトート、全部、エンキのことを言っているのです。全部、同じシンボルを使っていて、アヌンナキとの繋がりは全部保たれているわけです。でも、ギリシャ人はそれを知りません。ローマ人も、自分たちがどこから来たか知りませんでした。

ピラミッドがエンキによって建設されたことは、ほぼ間違いありません。なぜならピラミッドは、ゼロ磁場を意図的に作ることによって、アセンションワークをするために建設されたものだからです。

グラハム・ハンコック氏の「天の鏡」を読んでもらえば分かりますが、地上と天は完全に上と下の関係で、地上の聖地と呼ばれている古い遺跡は天を反映して

Data File No.16

錬金術の秘密

トート神　Thoth

トートとは古代エジプトの神。書記と学芸の守護者で文字の発明者とされる。ヘロドトスの『歴史』ではギリシアの女神アテナと同一視され、エジプトでもっとも崇敬される神とされる。思想では、エジプトの知恵をタロットに残したと考えられ、タロットはしばしば「トートの書」とも呼ばれた。すべての人間に知識を与えた神と言われている。

イクナートン　Akhenaton

古代エジプト第18王朝の王。在位、前1350〜前1334年。即位当初はアメンヘテプ４世と名乗った。アメンヘテプ３世と皇后ティイの子。美しい胸像で有名なネフェルティティは、彼の妻だった。それまでのエジプトの多神教を排し、世界に遍在する唯一の創造者である太陽神アトンへの信仰を確立した。

ティアナのアポロニウス

Apollonius of Tyana

キリストとほぼ同年代に生きたギリシャのネオ・ピタゴラス派哲学者。大魔法使いとして有名。小アジアのティアナに生まれ、タルサスで教育を受ける。ピタゴラス派の哲学を学び、後に各地を転々としてさらに学問を深め、また魔法を用いて数々の奇跡をなす。没年は不詳であるが、100歳前後で死去したとも、白日昇天したとも伝えられる。錬金術の聖書とされている「エメラルド・タブレット」を実際に発見し、解明をした人物だとされている。

いるのです。例えば、三つのピラミッドは、オリオン座の三つの星を意味しています。この三ツ星というのは、とても重要です。なぜかと言えば、オリオン座は「スターゲート」だからです。つまり、三次元宇宙から高次元宇宙に抜けるためのゲートなのです。

今度は「シェム―アンーナ」という名前ではなく、エジプト語で「MFKZT（ムフクジット）」という名前に変わります。

ファラオは、これがアセンションワークのための究極の物質だということを知っていたのですね。

ピラミッドの中でムフクジットを使って、「KA（カー）」というものができます。カーというのは光体のことで、肉体は「BA（バー）」です。これがよくいわれている「マルカバ」の元です。

エジプト人の考えでは、人間には九つの体（ボディ）があるのです。見れば分かりますが、ファラオのお棺はものすごく大きいものです。なぜ、こんなにデカイかというと、ロシアのマトリョーシカ人形のように、その中に納まるようにさらに八つのお棺が入っているからです。

九つの体の中で、一番次元の低いのが「BA」と言います。永遠に存在し続ける光体は「KA」です。その光の体は、可能性としてはみなさんにもありますが、自然発生的にできるわけじゃありませんよ。

生きている時に「KA」を活性化できないうちに、死んでから天国に行こうというのは甘い考えです。そんな人はアセンションしないでリサイクルされます。

2012年まで待っていれば、何とかなるという考えは大間違いです。まだ「KA」がない、肉体の「BA」しかなければ、何ともなりません。三次元しか知らないDNAのレベルしかないことになるのですから。

ファラオたちはそれをしっかり分かっていたから、小さい時からムフクジット、ムフクジットというように毎日飲まされるのですね。

ファラオは、エンキのDNAを受け継いでいるわけですから、すでにレベルは高いのですが、さらに「まだ純粋ではなく汚れたところがある」、「まだ充分じゃない」ということで、一生トレーニングをしてレベルを向上させます。

ファラオは南の神殿から七つの神殿を通って、一つの神殿で一段階ずつ昇っていくような訓練をします。そして、ピラミッドの「王の間」で「KA」がしっかりと整った段階で、ピューッとアセンションします。そのままファラオはもう帰ってこず、星になるとされています。

これは何も、おとぎ話ではありません。ごく現実的な錬金術の話です。錬金術の元の人はエンキです。そして、その血を引いたイクナトンは、後日、偉大なるファラオになったのです。

そのイクナトンは、シリウスから来たとか、架空の存在だとか言われているのですが、実際に存在した、本当のパワーを持った、市民を思い遣れる偉大なファラオだったのです。

イクナトンは、エンリル派ではありませんでした。だから、大金持ちのファラオシステムを全部ひっくり返して、王室の全てのお金を国民に分け与えたのです。

そして、エンリル派から来ている、ワニなどの変な神をお金を払って拝めばアセンションできるという当時のシステムを、全否定したのです。

お金を払って、神父さんに祝福されれば何とかなるというのは甘い考えです。それはフォースで、エンリルのシステムです。

意識レベルの高い存在のエンキからエッセネ派は始まったのですが、クリスチャンの神秘主義、エッセネ派の元の元はイクナトンです。

イクナトンは錬金術のマスターだったのです。彼は「ムフクジット」というものを知っていたと思います。

現在まで続いているエンキの血脈

「本当か？」と思う人もいると思うので、ここで私の情報源について話します。

まずゼカリア・シッチンの話は、当然情報源ですが、この情報が正しいと誰から確認したかといいますと「ローレンス・ガードナー卿」という人です。

彼の仕事は「genealogist（ジニアロジスト）」です。ジーンは遺伝子を意味しますが、血の繋がりを調べる専門家なのです。「ジニアロジスト」は日

Enki means 塩基,maybe.

本語では「系図学者」と呼ぶそうですが、あまり知られていない専門分野です。欧米にはこういう職業があるのです。ローレンス・ガードナー卿は、なにも聖杯などの研究家ではないのですよ。

例えば、アメリカの大金持ちが、俺の先祖は絶対王様だと思えば、すごいお金を出して、そういう専門家に調べてもらうのですね。

ある時、彼がヨーロッパの数人の王室に頼まれて系図を調べたら、エンキまでの血の繋がりが、全部分かったのです。

今度はエジプト、今度はヘブライ、というように調べたら、全部、彼らの繋がりが解明されてしまったのです。だから彼の調べた文献は、エール大学やハーバード大学でどんどん取り上げられているのですよ。

彼の本を読んでもらえば家系図もありますから、王室の元の血の繋がりのストーリー、そして、王室と普通の人との違いなどが、ほぼ間違いないと思うようになります。

エンキの血脈は現在まで続いているわけですが、そういうDNAの高いレベル

Data File No.17

ローレンス・ガードナー卿

ローレンス・ガードナー卿 Sir Laurence Gardner
家系の研究家として注目を浴びるイギリスの作家。

「ガードナー卿の聖約のアークについての著作をベースに新しい映画が出来たことによってさらなるキリストとマグダラのマリアの関係に対する疑問が生まれるだろう。
（左はガードナー卿の著作を基盤に製作された映画『THE LOST SECRET』のポスター）

の人に治められたら世の中もすべてうまくいき、本当のパーフェクトな世界が実現すると思いませんか？

でも、すべての王室は、ずる賢いエンリル派に乗っ取られたのです。これが王室の現状です。エンキ派は心が優しいので、騙され易いから乗っ取られてしまったのかもしれませんね。

私はスコットランド人ですが、今の英国の王室なんか全部偽物ですよ。はっきり言います。エリザベス女王は偽物です。

すべての王室は、汚い連中が乗っ取ったのです。そういうパワー・ストラグルが六千年間も続いてきたのです。

本当の王室はスコットランドの王になっているのです。スコットランドとエジプトは全部、関係しています。

今、ブッシュ君はウイリアム王の血を引いた人として、彼が世界を治める権利があると思い込んでいます。でも彼はエンリル派です。ぜんぜんあたたかい心がないからです。分かるでしょう、顔を見たら。人を愛せる魂がないのです。

けれども、例えば日本の天皇陛下は、すごく良い顔をなさっているでしょう。

ちゃんと顔に描いてあるのですね。

繰り返しますが、前半のメインポイントは、イラクからエジプトにおける錬金術のシークレットである、「ムフクジット」の存在によってＤＮＡを活性化させた非常にレベルの高いＤＮＡの持ち主が、代々、世の中を治めるシステムがあり、これはエンキから来ているということです。

そして、イクナトンの時代まではけっこううまくいったのですが、その頃から全部ひっくり返されたのです。

「グレートホワイト・ブラザーフット」（白色同胞団）

イクナトンはシナイ半島に入るのですが、その時代はシナイ半島はエジプトでした。

イクナトンはムフクジットを作るラボをシナイ半島に作ったのですが、それは後、１９０２年にイギリスの偉大なる「ウィリアム・フレンダース・ピットリー卿」という考古学者によって発見されました。

彼はシナイ半島の山の上で、ホワイトパウダーだらけの、とんでもない遺跡に出会ったのです。神殿らしくない建物の中に、いろんなシンボルがあったそうですが、後日、これが錬金術のラボだということが分かりました。

ムフクジットを作り出す目的の、イクナトンの錬金術のラボであり、シナイ半島は錬金術の中心センターだったのです。

イクナトンは十二年間しかいなかったので、暗殺されたとか、逃げたとか、いろんな説があるのですが、エジプトの歴史から消えてしまいました。

そして、エジプト軍の強力なリーダーであったエンリル派の「ホレムヘップ」が、次のファラオになったのです。

その後はツタンカーメンでしょ。けれども、ツタンカーメンはエンキの血を引いていたのですね。だから、すぐに殺されて王座を乗っ取られてしまいました。

エジプトの歴史は、この時代からおかしくなりました。ここからエンキ派のピュアーな意識が失われてしまったからです。

でも、情報は伝達されました。イクナトンはたくさんの錬金術士のグループを養成したので、その結果、錬金術の秘訣を代々伝える人が残ったのです。

それが「グレートホワイト・ブラザーフッド」、白色同胞団の始まりです。エッセネ・ブラザーフッドとも呼ばれている、この錬金術のブラザーフッドは、強く団結しました。

いろんな情報がありますが、ポイントは自分です。それを忘れないでください。「ムフクジットを手に入れたい！」と思うのは当然ですが、ちょっと違う形でDNAのレベルを引き上げられる可能性が高くなる時代になってきます。

みんなが王様になる時代です。それが「ソブリン・インディビジュアル」ということです。ソブリンは直訳すると王様ですが、自分が王様で、自分が自分を治める、「独立個人」という意味です。

つまり、今後すべての権力システムは崩壊するということです。他人によって治められた昔からのシステムが終るのです。

今のシステムには、エンキ派の良い部分もありますが、エンリル派のような、ずる賢い連中も存在してきたわけです。でも近い未来に、そんな二元的な両方が共に消える時代が来る可能性が高いのです。

その準備をみなさんとするために、私は話をしています。なにも面白い歴史のお話をしているというだけではないのです。

エジプトからアイルランドへ　イクナトンの王室の血の流れ

イクナトンという、本当に素晴らしい存在は消えてしまいました。その後、どうなったかはよく分からないのですが、一つだけ分かっています。彼の家族は亡命したということです。

彼の娘の名前は「スコティア」ですが、どこに亡命したかというと、アイルランドです。紀元前1600年頃の話ですが、スコーティアの家族はアイルランドに亡命したのです。

そして後日、古代エジプト語が「ゲール語」（ケルト語）になるのです。アイルランド、スコットランド人の元の言語はゲール語ですが、そのゲール語とエジプト語は、共通点だらけなのです。

つまり、イクナトンの王室の血がアイルランドに辿り着いて、その後、スコットランドに入ったという一つの流れがあるということですね。

ここで大切なのは、一つのグループはスコティアと一緒にアイルランドに行ったということです。王室が高いレベルのDNAを持ち続けるためのシステムは、自分の兄弟と結婚することでしたね。「オシリス」「イシス」これは王室の原形の名前ですが、アイルランドから紀元六百年（AD600）ごろに、今度はスコットランドに渡ったのです。

「契約のアーク」とは？

次にイスラエルの話になりますが、エジプトから脱出して四十年間、砂漠をさまよった人たちのリーダーがモーセです。

彼が山の上に登ったときに、「バーニング・ブッシュ（燃えている藪）」という、とんでもないビジョンを見るという体験をしたことは聖書に書かれています。どこかの藪が燃えているビジョンを見たのですが、それがムフクジットの光だったのです。そして、神の声を聞き、「十戒」という偉大なる情報を得て山を降りたのです。

そして後日、ある幻の装置を作ったのですが、それが「契約のアーク」です。それは、「ムフクジット」を保管する容れ物だったのです。

この契約のアークに触れた人が、カミナリに撃たれたように死んでしまいましたが、これは火ではなく、「ムフクジット」から発生したとんでもない光でした。その偉大な力は、核兵器にも負けないぐらいの武器にもなるし、反重力の装置にもなりました。でも、一番大切なことは、使い方を変えればこれが栄養だったということなのです。彼の信者を支えるための、栄養だったのです。

これが「マナ」（昔イスラエル人が、アラビアの荒野で神から恵まれた食物：出エジプト記16：14）の始まりです。直訳して「白いパン」だと言っていますが、そうではありません。「ムフクジット」、「シェム―アン―ナ」のことです。ＤＮＡを活性化できる栄養で、素晴らしいものだったのですね。だから、みんな何も食べなくても、砂漠の中で長い間、力強く移動できたのです。

そして後日、その契約のアークをどこに保管したかですが、ソロモンの大神殿の地下に置かれました。そのアークの中に、「ムフクジット」、それについての文献、プラス、いろんな宝物が入れられていたということは、間違いないと思います。

ヘブライとアヌンナキとの関係ですが、旧約聖書の世界にはモーゼがいて、ヤハウエがいるわけですね、この「ヤハウエ」は「エホバ」とも呼ばれていますが、エンリル派です。間違いありません。

ヤハウエはアヌンナキの肉体を持った、かなり強烈な政治家で、気が短かく、心のトラブルを抱えている生命体ではないかと思われます。

旧約聖書を読めば分かりますが、このヤハウエはメチャクチャ悪い奴だと思いませんか？　徹底的にみんなに命令する、そして、「命令に従わなければ殺すぞ！」という。こんなタイプの神は、エンリル派なのです。従ってユダヤ教の始まりはエンリル派ではないかと、私は思うのです。

旧約聖書には、「エホバ」と「エルシャダム」という二種類の神が出てきますが、これはエンリル派の神々とエンキ派の神々の話です。人種や国が変われば名前も変わるわけですね。

エンリル派の宗教、カトリックの台頭

次は、十～十一世紀の頃の話です。旧約聖書のイスラエルからヨーロッパに移るのですが、今度は、カトリックという宗教が出現します。

強烈な言い方かもしれませんが、人をコントロールするカトリック教のようなタイプの宗教は、完全なエンリル派の宗教だと思うのです。

お前たちは絶対に神とのコンタクトを直接的にはとれない、だから神との間に我々の存在が不可欠である、というシステムはエンリル派です。

でも、エンキ派はアンダーグランドでまだ続いているのですよ。エッセネ派も活動していて、錬金術も続いてますし、スピリチュアル・ワークもずっとやっています。

つまり、カトリックが完全な支配勢力になったので、アセンション・ワークを

やるグループは、アンダーグランドにならざるを得ないような世の中に変わったわけです。

そのカトリックによって、全ヨーロッパが支配されていた十二世紀のことを想像してみてください。

ここで、フランスから九人の騎士がイスラエルに派遣されるという話になります。当時は十字軍とイスラム教徒が、エルサレムをめぐって争っている時代ですね。

派遣された目的は、十字軍に参加することではなかったのです。表向きの理由としては、巡礼者の保護ということでした。そのために九人の騎士が派遣されましたが、でもどう考えても、この話はピンとこないでしょう。どうして、たった九人のみすぼらしい騎士のグループが、巡礼者をイスラム教徒から守ることができるのか、という話ですから。これは無理ですね。

テンプル騎士団の役割

本当の目的は違いました。実は、エルサレムのソロモンの大神殿の地下を発掘するために派遣されたのです。

その地下に、契約のアーク、「ムフクジット」の錬金術の秘密、聖なる科学の情報、あらゆる高度サイエンス、高度スピリチュアルの情報と物が保管されていることが分かっていたからです。

テンプル騎士団の元になった、そのフランス人の九人の騎士は、七年間地下を掘り続けて、ついに発見しました。そこで、すぐにフランスに持って帰ったのです。

テンプルはソロモンの神殿のことですが、百年の間に九人の騎士が数千人のテンプル騎士団という組織に変わり、ヨーロッパで一番の金持ちになり、一番の力を持つようなったのです。

そして、建築でも高度な力学を駆使して、かの有名なパリの「ノートルダム寺院」を建造したのです。この時代に、ヨーロッパに広く、今に残る多くの大聖堂

Data File No.18

テンプル騎士団

上のイメージはロズリン・チャペルの前で馬に乗っているテンプル騎士団であるが、彼の左肘にあるマークは丸の中にあるピラミドと目を象徴するもので、古代エジプトの関係を意味するものであろう。

テンプル騎士団は最初の銀行や小切手を発明したことはあまり知られていないが事実である。

テンプル騎士団の一番最初の歴代総長はユーゴ・ド・パイヤン（Hughes de Payens 1118-1136)で最後は２３代目のジャック・ド・モレー(Jacques de Molay 1292-1314)

しかし実際にはスコットランドに行ってからテンプル騎士団はフリーメーソンに変わる歴史となる。彼らの最高の本部はスコットランドの不思議な教会であるロズリン・チャペルにある。

筆者が何度もその教会や周辺のテンプル騎士団のお墓を訪れることによって得られた情報では、ロズリン聖堂の地下には間違いなく、とてつもない宝物が置かれている――。

そのものは恐らくはエルサレムのソロモンの神殿にもともとあった契約のアークかキリストの頭か洗礼者ヨハネの頭か…と未だに論じられている。

が建設されました。話がそれますが、ノートルダムとは「私たちの女性」という意味です。これは聖母マリアではなく、今となってキリストのワイフだったマグダラのマリアのことを意味しているとわかったのです。

テンプル騎士団は、発掘した情報、物、そのすべてを得たことで、普通一般人とはまったく違った存在になりました。だから彼らは、ヨーロッパのすべての王室にお金を貸すようになり、最初の銀行をスタートさせたのです。

最初の銀行の話を簡単にしますと、まずは、テンプル騎士団の丸い寺院がヨーロッパ中に置かれるようになりました。世界一の騎士たちに守られている寺院だから、絶対に安全だということになりますね。

例えば、イタリアの王様がフランスにお金を持って行こうとします。金や銀を運ぼうとしたら途中で攻撃されるかもしれないし、いろんな問題が起きるでしょう。そこで「そんな必要はありません、テンプル騎士団に任せてください。私たちのフランスの寺院の中に同じぐらいの金を置いてあるから、運ぶ必要はないのですよ」と、売り込んだのです。

金や銀の代わりに、その分を紙に書いておくだけです。これが最初の小切手です。

だから、銀行システムの本当の始まりはテンプル騎士団です。本当の科学の始まりもテンプル騎士団です。そしてもちろん、本当のヨーロッパ錬金術の伝統の始まりも、テンプル騎士団だということです。

ここで陰謀論の好きな人たちは、「ホラ、銀行を創ったのは悪い連中だ!」と言うわけですが、銀行そのものはそんなに悪いものだとは思いません。自分で金や銀を、リスクを背負ってあっちこっち運ぶよりも、銀行があった方がはるかに便利でしょう。システムとしても非常に優れていると思います。

そのうちすべての権力者が、テンプル騎士団に従わざるを得ないような大きな力を持つようになってきたのです。

彼らが持っていたシークレットは、第一は錬金術のことです。どのようにして、この体をアセンションさせることができるかという秘密です。その秘密は表の宗教では絶対に教えてはくれないのですよ。

表の宗教では、教会に行って、ちゃんと祈って、なんとなく良い人生を送れば、死んだ後天国に行けるという、それこそおとぎ話ですね。でもそれは、絶対にありえない話なんです。

死んだ人たちにインタビューしてみなければ分かりませんが、月曜日から土曜日まで悪いことばかりして、日曜日にだけ教会に行って良い振りをして祈れば、アセンションできるなんてとんでもない話です。

簡単に言えば、それがカトリック教です。カトリック教はエンリル派なのです。テンプル騎士団はエンキ派ですから、当然、ぶつかり合います。もう、時間の問題です。

キリストの究極のシークレット

ローマ法皇は、テンプル騎士団の偉大なパワーを見て、「こいつらには困った。俺たちの宗教は潰される!」と思いました。

なぜかというと、もう一つのシークレットは、キリストに関するシークレットだからです。彼らはキリストのシークレットを実践しているのです。

キリストは、錬金術のマスターでした。アセンションのマスターだったのです。そして、ちゃんとした結婚相手がいた。男女関係も持っているという三次元でのマスターだったのです。

だから、キリストは何も雲の上の存在ではなかったのですよ。キリストの本当の教えは、どのようにして自分自身の高次元の神様のパワーを発揮できるかということだったのです。

だから当然、ユダヤ人に殺される運命だったわけですね。なぜならユダヤ人はエンリル派だからです。つまり、上から下への権威システムを好むわけです。エンキ派であるキリストは、命を狙われるのに決まっていたのです。そしてそのとおりになったわけですね。

だから、「エンキ派は弱いのじゃないか？」「エンリル派はスピリチャルパワーがないのに勝ち続けるじゃないか？」と、みんな思うわけです。でもこれは三次元の話なんですね。

高次元の情報をこの次元に降ろすのは大変な作業です。聞く耳のある人は、百万人に一人にすぎません。みんな、おとぎ話が好き、「ノイズ」が好き、騙されることが好き、という仕組みなのです。みんな、三次元の世界だからです。

本当の情報、本当のアセンションは伝導し難いものなのです。だから、シークレットなのです。松果体から分泌されるメラトニンなどはシークレットです。「ムフクジット」を使ってそれを活性化させる、それもシークレットです。

封印されたエンキの伝統

アンダーグランドで活動せざるを得なかったテンプル騎士団には、ヨーロッパ中で大きな力を持って「パーフェクト・ソサイエティ」を創ろうという夢がありました。でも、うまくいきませんでした。

たとえば、なぜ、十三日の金曜日が不吉な日か知っていますか？

1314年、ある月の十三日の金曜日に、ローマ法皇とフランス国王が結託した陰謀によって、ヨーロッパ全土で一万人以上のテンプル騎士団が逮捕されました。

Data File No.19

松果体の研究

リック・ストラスマン　Rick Strassman

1952年にロサンゼルスに生まれ、1977年にニューヨーク、イエシバ大学医学部卒業。後に精神科医として優れた業績を残している。ニューメキシコ大学でメラトニンの研究をした後、米国政府資金を受けて、DMT臨床研究を行なった。同大学から最優秀研究科学者賞を受賞している。1984年にストラスマン博士は仏教徒となった。

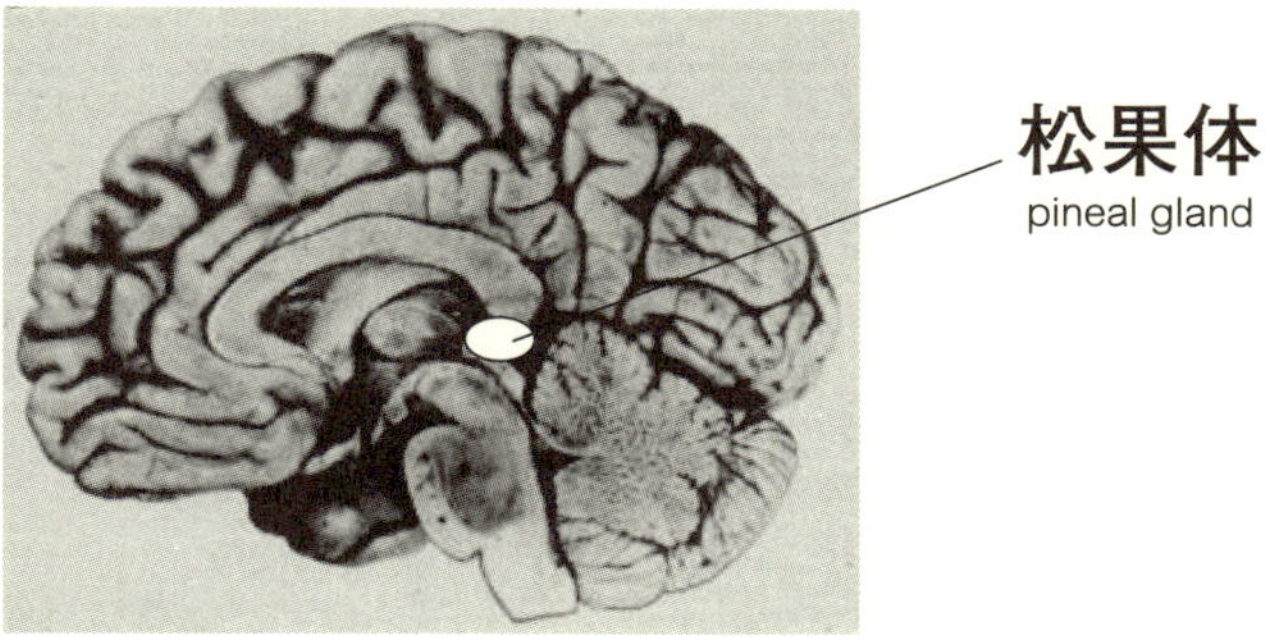

- ●位置：視床上部において第三脳室の後上壁が後方に突出した場所に位置する。
- ●機能：メラトニンを分泌する。メラトニンは性腺を抑制する機能を持つ。
- ●特徴：交感神経を介して外界からの日照時間によってその機能が制御されている。メラトニンは網膜への入光でその分泌が抑制される性質を持つ。

あの時代では大変なプロジェクトですよ。メチャクチャ難しいことでした。でも、みんな逮捕されました。テンプル騎士団の偉大なプロジェクトは、これで終わったと、誰もが思ったわけです。

本当の錬金術のシークレット、エンキの伝統を世の中のために活かす前にやられてしまった。集団で投獄されて、とんでもない拷問を受けたわけです。だからあの時代を「暗黒時代（ダークエイジ）」と呼んでいるわけです。

しかし、彼らのリーダーには機転のきく人もいたから、そうした人たちは亡命することができたのです。

亡命するときに、エルサレムの神殿の中で発見した物を持ち出したのですが、その中には聖杯があったのです。実際の聖杯は容れ物ではないのですよ。これは、情報としてのＤＮＡの血の繋がりを意味しているのです。

聖杯を逆さまにすると子宮の形をしているのですが、子宮の中で血の繋がりができるという、一つのシンボルとしての意味が託されています。もう一つの裏の意味は、エンキとエンリルのＤＮＡのシークレットですね。その聖杯をどこに持っていったのかということです。

みなさんには想像しがたいと思いますが、その時代は、全ヨーロッパがローマ法皇の命令に従わなければならなかったのです。ローマ法皇の命令に違反したら、即、殺されます。法皇の言うことを、生まれてから死ぬまで聞かなければならないのです。

カトリックの神父さんは読み書きができるけれど、市民はできない。だから、情報を手に入れることができません（これについてはショーン・コネリーの「薔薇の名前」と言う映画を観てください）。つまり、好き勝手に情報操作できるわけです。これがエンリル派の典型的なトリックです。

現在でも、同じトリックを使っています。テレビメディアに出てくる三次元レベルの科学者は、本当のことを何も教えてはくれないのです。ダーウィンの進化論もナンセンス、アインシュタインもナンセンス、ほとんどがナンセンスです。そんな宇宙ではありません。

一番大事なことは、人間の魂の偉大さ、人間の永遠の意識の偉大さ、人間の「カー」の偉大さです。それを彼らは絶対に口には出しません。今日に至るまで、エンリル派の計画が大成功しているということです。

アンダーグランドの情報は、三次元のレベルの情報とはちょっと違います。でもアンダーグランドの情報を口に出したら、大学の先生なんか一発でクビです。そういうシステムになっているのです。つい最近まで、フリーエネルギーの情報を出すと、殺されてしまうような状況があったのです。

この「ムフクジット」というホワイトゴールドを発見した「デヴィッド・ハドソン」という人がいますが、その情報を世の中に出すと、ハメられる運命が始まるわけです（デヴィッド・ハドソンは有名な人ですが、インターネットのどこにも彼の写真は見当たりません）。ものすごく邪魔され、ものすごくイジメられ、乗っ取られるのです。

乗っ取られたから、私が購入したようなニセモノのホワイトゴールドしか手に入らないのです。でも本物は実在します。

テンプル騎士団はどこへ？

テンプル騎士団はどこに逃げたのか？　ローマ法皇の言うことを聞かない国は、二つしかありません。それは、ポルトガルとスコットランドです。

テンプル騎士団の当時のテクノロジーのレベルは非常に高かったのですが、それは建築学だけじゃありません。船のテクノロジーは世界一です。だから彼らは、とんでもない船を持っていたのです。その船に乗って、数百人ぐらいのテンプル騎士団がスコットランドに亡命したのです。

その時はちょうど、スコットランドとイングランドの大きな戦いの最中だったのですが、スコットランドは、ずっとイングランドから独立しようとしていました。その本来の目的は、エジプトから伝わった王室システムを守るということでした。

エンキの血の繋がりを保つ王室システムは、アイルランドを経由してスコットランドに移ったのでしたね。だから、アイルランドの王も、スコットランドの王も、王室に入る時に不思議な石の上に座らなければならないという儀式があったのです。

その石は「ストーン・オブ・ディスティニー」。「運命の石」と呼ばれ

The Templars were the SAMURAI of the west.

ていましたが、それはエジプトの王室からきたものです。

エジプトの儀式を行なって、その人物がエンキの血を本当に引いているかどうかをチェックして王になる、というシステムは今日に至るまで継承されています。

つまり、エンキ、イクナトン、キリストの血をひいた人しか王になれないというきちんとしたシステムが、アイルランドとスコットランドにあったのです。

エンリル派のイングランドは、これを知っていて「こいつらを全滅させなければ」と思ったのです。


イングランドからスコットランドが独立するための戦争は終わりました。それが映画化されたのが、メル・ギブソンの名作「ブレイブ・ハート」です。

イングランドが勝利を治めようとした時に、突然、とてつもなく強い騎士たちが現れて、イングランド軍を倒したという有名な出来事がありました。歴史書では、どういう連中なのかははっきり言っていないのですが、それがテンプル騎士団だったのです。

彼らはフランスから亡命してからすぐに、タイミングよく独立戦争の大きなアシストをすることができました。そして、そのご褒美として王からたくさんの土地を貰ったのです。

十四世紀の話ですが、フランス人のテンプル騎士団がスコットランドに住み着いたのですね。これでフランスとスコットランドの結びつきがいかに深いかがわかると思います。

だから、私が学校（十三世紀に創設された、有名な詩人バイロンが通った高等学校）で選択した第一外国語はフランス語でした。なまりが似ている部分もあるので、スコットランド人にはフランス語は話し易いのですね。

スコットランドの王室と、テンプル騎士団の歴史上の繋がりは完璧でしょう。テンプル騎士団もエンキ派、スコットランドの王室もエンキ派なのですから。

出会ったのは、ぜんぜん、違うルートからです。テンプル騎士団は、イスラエル経由のフランスからスコットランドです。スコットランドの王室は、アイルランドからスコットランドです。この二つのルートが出会って、イクナトンの血が合体したのがスコットランドなのです。時は十四世紀でした。

それでもやはりローマ法皇は強力ですから、エンキ派はアンダーグランドの存在にならざるを得なかったのです。

そのアンダーグランドの組織を作り出したところが、エジンバラの南部から十キロぐらい離れた「キルフニー」という小さな村です。そこで、世界で最初のフリーメーソンのロッジができました。

こんな話を、今のフリーメーソンのメンバーは、ぜんぜん、分かっていないのですよ。私は何人もメンバーに会いましたが、エンキのことなど何も知らないのです。

彼らに説明されているのは、フリーメーソンは十八世紀にロンドンロッジから始まったということですが、これは「ヨークライト」です。

フリーメーソンには「スコテッシュライト」と「ヨークライト」という二つのシステムがあります。

「スコテッシュライト」のシステムは「33位」ですが、これの本当の意味はゼロから33までのアセンションのシステムなのです。

「33」は錬金術からきた聖なる数です。3掛ける3は9、9掛ける9は81、

8足す1は9、などなど、この次元のすべては「3、3、9」で分かるという聖なる幾何学の暗号なのです。

でも今のフリーメーソンは、何も知りません。九九パーセントの人が何も分かっていません。あれはロータリークラブのようなものですね。

私はメーソンじゃありませんが、メーソンのメンバーにこういう話をすると「そうですかー、面白いですね。ルーツはスコットランドですか……」と、こういう反応です。

フリーメーソンのロッジができた元々の目的は、エンキのプログラムというか、大きなビジョンというか、つまりは「パーフェクト・ソサイエティ」を創ることなのです。

古代の知識をうまく活用して、みんなのための平等な社会を創る、これを「グラールコード」といいます。つまり、「聖杯の暗号」なのですが、これは一つのシステムなのです。

テンプル騎士団は、血のレベルが高いものに治めさせるというシステムを成功

Data File No.20

ロズリン聖堂:スコットランドの暗号

Rosslyn Chapel

●1312年の解体後、テンプル騎士団がスコットランドに逃れたことが知られています。

●ロズリン・チャペルは1446年〜1486年にかけて建設されたものであり、フリーメーソンや薔薇十字団と関わりがあった。1601年の証書では、シンクレア家が「スコットランドのグランドマスターを相続した」と認められた。これは最古のメーソン文書である。

●ロズリンチャペルはメーソン的に重要な彫刻で内部が飾られている。そして植物的な重要性。アーチ、リンテル、柱の土台、そこは、さまざまな種類の植物のモチーフで装飾されている。2つの模様がアロエとトウモロコシに似ている。これらは新大陸が原産であり、16世紀以前にはヨーロッパで知られていなかったものと考えられている。

●有名な聖杯探求家であるTrevor Ravenscroftは1962年、20年間に渡る聖杯探求がロズリン・チャペルで終わったことを宣言した。この柱の中か下か?聖杯?アーク?

させようとしたのですが、裏切られたのですね。そして、アンダーグランドになってフリーメーソンの組織を創り、世の中に良い影響を与えようとしたのです。これが本当のフリーメーソンに関する「シグナル」です。これを分かってほしいのです。フリーメーソンの情報は、本当に「ノイズ」だらけですから。

名前を聞いただけで「恐い」とか「陰謀」とかでしょう。じゃあ、フリーメーソンの勉強をしたことがあるかと聞いたら「無い」でしょう。ではなぜ、そんなリアクションをするのでしょう？　これでは理不尽です。

出身国のスコットランドからスタートした組織ですから、私は徹底的に勉強をしました。そして、最初のロッジができたキルフニーにも行きました。

テンプル騎士団が守る「ロズリン聖堂」

その隣にロズリンという所がありますが、そこには「ロズリン聖堂」という小さな教会があります。１４４０年ぐらいにできたものですが、完成までに４５年もかかったのです。

その教会の中は、聖なる幾何学、スーパーサイエンス、アセンションなどに関する暗号だらけです。全部、石の像として残されています。そして、スケールは小さいのですが、エルサレムのソロモンの神殿を完全にコピーしようとしたものになっています。

そこの地下が、テンプル騎士団がソロモンから取ってきたものを最終的に埋めた場所なのです。

かなり大きな地下室があるのですが、レーダーで調べたら24人の騎士が鎧を着たままその中に入って死んだということが分かったのです。ある偉大なる宝物をガードするために、24人の騎士たちが自ら望んで死に至ったわけです。

では、開けて調べたらどうだとみんな思うわけですが、そこは彼らの素晴らしい建築学の技術で作られた、ブービートラップ（罠）だらけなのです。一つの石を取ると、全部が崩れるような仕組みです。だから開けられたことは一度もありません。インディアナ・ジョーンズのような話ですね。

Rosslyn Chapel holds a very powerful treasure.

具体的には何があるかというと、いろんな仮説があります。テンプル騎士団の血の繋がりの文献、錬金術のシークレット、ムフクジット、そして最大級の秘密は、キリストの本当の正体です。

私は、何回もこの場所に行きました。ロズリン聖堂は、本当にすごい場所なんです。

私の額にしばらく傷があったのですが、この聖堂でテンプル騎士団の像に近づいて見ようと思ったら、太いパイプのボルトの尖った角が、ガツンと額に当たったのです。ワイフがそれを目撃しましたが、その音だけで彼女は気絶しそうになりました。

松果体のポイントが血だらけになったのですが、「なぜ、俺はこの教会にやられるのか！？」と思いました。その時に、テンプル騎士団の声が聞こえたのです。「お前のような次元の低い奴が、この中に入って俺たちの偉大なシークレットを暴く気か。いい加減にしろ！」。こんな言葉が二〜三秒の間、響きました。その時、私は血を流しながら、「おお、これは普通の聖地と違うな」と思ったのです。

私は世界中の聖地を周りました。ピラミッドやペルーにも行きました。でも、あんな雰囲気はなかったですね。

何百年もの間この場所をガードするために、24人の騎士が死んでいるのです。そのスピリットが残っているのです。偉大なものをガードしている意識がメチャクチャにシビアで、いくら本を読んでシークレットの世界に入ろうとしても無理だと叱られた感じです。

だから、一般の人が入ると気持ちの悪い場所ですね。そういう雰囲気が充満していますから。

でも、地下にはものすごいものがあることが分かりました。そしていろいろ研究家が動いているのですが、契約のアークがあるという意見も出ているのです。

私と同じスコットランド人のグラハム・ハンコック氏もよくこうしたことの研究をされています。17世紀に、スコットランドのメーソンがエチオピアに行きました。その時に、聖書からカットされた偉大な書がエチオピア語で書いてある、「エノクの書」を持って帰って翻訳したのです。

それを読めば、なぜ、それが聖書からカットされたかがよく分かります。アヌンナキの話、ネフリンの話、天体の動きの話、などなど、こんな話は聖書には入れられません。

アヌンナキのストーリーが全部バレてしまうからです。だから、15世紀に誰かがそれを埋めたのです。

同様に、おそらく「ロズリン聖堂」の地下に埋めたのは、エジプトのテクノロジーを使って保存されたキリストの首である可能性が非常に高いのです。

キリストはエッセネ派のメンバーですが、エッセネ派は究極のヒーラーなのです。そして、肉体を保存するシステムは当時の最先端の技術でした。彼らは、ミイラを作るためのテクノロジーを全部知っていたのです。だから、キリストの首は保存されていると思われます。

その保存された首が別の体に乗っているのが「聖骸布《せいがいふ》」なのです。あれは、キリストの体のプリントだと言われていますが違うでしょう。本当は13世紀のものです。六カ所のラボでDNAのテストを行って分かったのです。

でも、体は違ってもあの首は本物でしょう。「聖骸布」をコンピューターで分析すると、体と頭の大きさが合いません。保存されたキリストの首を、生け贄《いに》えにされた13世紀のイスラム教徒の体にくっ付けて、露出を甘くして撮影したのです。

テンプル騎士団には、11世紀には撮影する技術がありました。ピンホールカメラでアンモニアを使って、シーツに長時間感光させて焼き付けたのです。どうしてあの姿が焼き付いているかといえば、写真のネガと同じ仕組みになっているのですね。

保存されたキリストの首を、別の体に載せて撮影したのが「聖骸布」です。最近、コンピューターで「聖骸布」のDNAが分析されて分かりました。これこそがシークレットです。

だから、あの顔はキリストです。でも、キリストが死んだとされている三十代の人の顔ではありません。たぶん、六十代ぐらいです。ということは、キリストが死んだのは六十代ぐらいだということですね。ぜひ「聖骸布」のプリントを見てみてください。

つまり、テンプル騎士団は「聖骸布」を作ることで、キリストの本当のストーリーをバラそうとしたのです。

キリストは肉体と共にアセンションしたことになっていますが、実際はキリストも我々と同じように、肉体を残して死んだのです。アセンションをするのは肉体ではありません。だから、肉体が消えているわけではないのです。

ところで、別説では「聖骸布」の頭、つまりロズリン聖堂の地下で保管されている首は、洗礼者ヨハネのものであるともいわれています。

アメリカの建国とフリーメーソンの関わり

アセンションするのは「KA」です。光体です。だから、アセンションをするためには光体を作らざるを得ないのです。

光体を作るためには、情報が必要です。知識が必要です。方法が必要です。しかし、一般人には教えらない仕組みになっているのです。エンリル派がアセンションのテクノロジーを乗っ取ったからです。

Data File No.21

エジプトのミイラは「アセンション」を意味していた

古代エジプトでは、遺体をミイラのように布で巻いた。古代エジプト人はこの世の上には高次元があり、聖なるボートに究極の生命の卵が乗っているイメージを持っていたが、これは実は復活とアセンションを意味しており、巻かれた遺体は、はりつけ状態になった繭なのである。

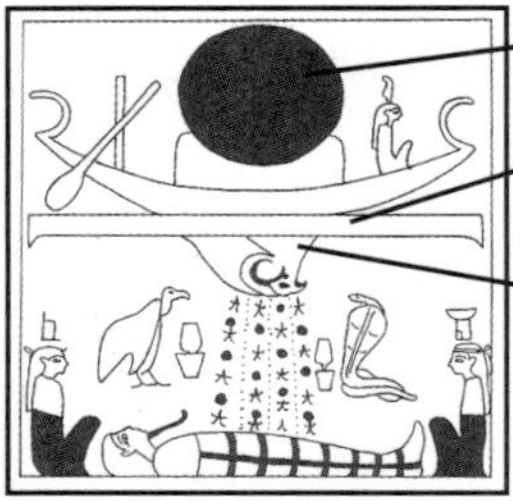

【神聖な卵】これは、おそらく究極のDNAの元だと思われる。
【次元の境界線】実は、これは電磁波の周波数を分けることを意味している。
【ホルス(鷹の頭)】ホルスは高次元から、この次元に突入して、聖なる卵の復活させるエネルギーを繭状態になった人間に働きかける。

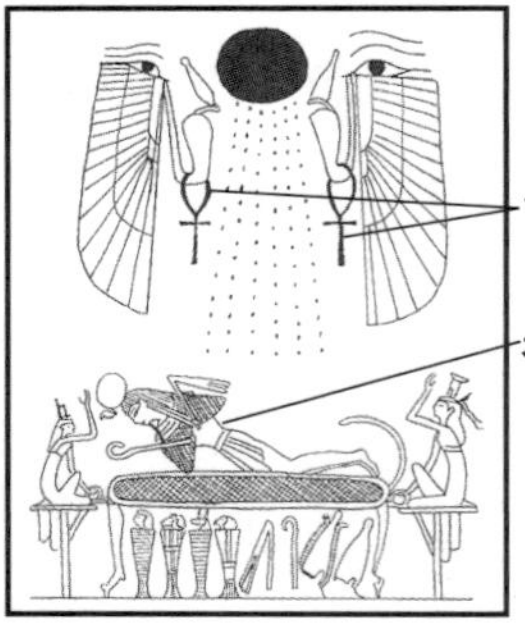

アンク
オシリス

境界線はなくなり、高次元の光(電磁波)の影響で、はりつけ状態になったオシリスは復活してアセンションをし始めている。上部の左右にある翼にアンクというシンボルは永遠の命である。オシリスはキリストの原型の一つである。これは蛾に変わる状態と酷似している。

私は、新しい不死不滅の身体で歩けます。レイのようにホルスの目(復活させるエネルギー)によって強く、そして私のハートは低次元のところから救われて喜び、私は天と地に栄光を浴びています。・・・・・私の言語はシリウス星の言葉です。

(パピルス　No.9900 大英博物館より)

テンプル騎士団が創造したソサイエティだったら、王室からそういう情報が伝導されるような仕組みになっていたかもしれませんね。それがパーフェクト・ソサイティの夢なのです。

しかし、テンプル騎士団はエンリル派にやられてしまったのです。それでも、ロズリン聖堂の中にその秘密を残し、フリーメーソンのシステムを創りました。

そして、古代エジプトの情報を伝導するために、フリーメーソンはどこに行ったのかと言いますと、USAのニューアトランティスです。

つまり、ヨーロッパでは、パーフェクト・ソサイエティを実現させることは無理だったということです。

なぜなら、本当の王室は全部ひっくり返されて、エンリル派が乗っ取って、全部、ニセモノの王になっているからです。王室が不動産をすべて所有するということで、みんなをコントロールするシステムになったのです。

テンプル騎士団は、本当の「グラールコード」（聖杯の暗号）の心を、アーサー王の伝説をとおして、タロットカードでみんなに伝えようとし

George Wshington was a great freemason.

ました。

そして、以前映画になった「ロード・オブ・ザ・リング」の「リング」は、「ムフクジット」のことなのです。これを手に入れられれば、究極のパワーが得られます。でもそれを正しく使えるのは、本当にＤＮＡのレベルの高い人です。

これをエンリル派が手に入れて使えば自滅します。欲張りでＤＮＡのレベルが低いからです。心のレベルが低いからです。

だから、この映画での、心がきれいな人しか使うべきでないというストーリーは、アーサー王やテンプル騎士団からのストーリーです。

それは、単なるファンタジーではありません。だから、あの映画を何回も見た方がいいですね。ものすごく偉大なストーリーが入っていますから。

特にパート2の「二つの塔」のストーリーは、今の世の中そのものですよ。

心の汚い連中にこの惑星が乗っ取られてしまって、イラク戦争から世界戦争に向かっています。これは計画されているのです。中近東のピースプランなんか成功しないようにできているのです。間違いないでしょう。

テロイベントがボンボン起きて、みんな恐怖に巻き込まれて、ＤＮＡの活性化が完璧に遮断されるという計画です。

その中で生かされている、日本人の今の立場は惨めですよ。経済にしても外交にしても大変難しい。

自分たちのリーダーは、あのブッシュ君と一緒の車に乗って、ヘラヘラして手を振っていますが、エンリルと付き合っているのですよ！　日本はエンキの国なのにどうなっているのでしょう？

みなさんが気付かなければどうなりますか？　お任せしている場合じゃありません。エンリルによってできた政治システム、教育システム、医学システム、洗脳システム、これらすべてのシステムから離れてアセンションしなければならないのです。もっともっと、レベルの高いものにならなければならないのです。

今も活動しているテンプル騎士団は、世の中を良くするために頑張っています。ジョージ・ワシントンたちがどこで教育されたかといえば、スコットランドです。ワシントンたちは33位の最高のフリーメーソンとして、新しいアトランティスを創ろうという偉大なプロジェクトを持っていたのです。

アメリカの首都のワシントンに、ジョージ・ワシントンの記念館がありますが、その中には「ロズリン聖堂」よりさらに小さいソロモンの神殿のミニチュアがあるのです。

その神殿には、金の子牛や黄金の猫などのエジプトの神々が祀られていますが、このことから得られる情報は、フリーメーソンのルーツはエジプトにあるということですね。そして、ユダヤの偉大な王とされているソロモンの神は、実はエジプトの神々だということです。

一ドル札の「眼が描かれたピラミッド」をデザインしたのはフリーメーソンですが、何だか変だと思いませんか？　エジプトの神々と、旧約の神エホバとは仇同士のはずですよね。

つまり、アメリカの建国にはフリーメーソンが深く関わっていたのですが、エンリル派に乗っ取られて、ブッシュの信仰のように、旧約の神がキリストの神ということにすり替えられてしまったのです。

アメリカは誰に発見されたか？　実はアメリカを発見したのはフリーメーソンなのです。彼らがマサチューセッツに到着したのは、コロンブスの百年前です。これがなぜ分かるかと言うと、テンプル騎士団の石に刻まれている刀があるからです。マサチューセッツには、テンプル騎士団の遺跡があります。コロンブスもフリーメーソンだったのです。コロンブスは先輩から聞いていて、どこに行くのかをちゃんと分かっていて、地図もあったはずです。

ワシントンたちがイギリスのエンリル派の汚い王室から、もう一度自由になろうというプロジェクトが、アメリカの独立運動でした。

ワシントンたちは、けっして普通の人じゃないのですよ。メチャクチャ意識レベルの高い真面目な人たちでした。

彼らが起稿したアメリカの憲法のレベルですが、「パワーかフォースか」の本で紹介しているテストで意識レベルを調べてみました。

0から千までのスケールがあって、千はキリストや仏陀のレベルです。エンキも千ですが、エンリルは200以下でしょう。

それによって、文献のレベルも計ることができます。アメリカの独立憲法は、740です。世界中の文献の中でも、メチャクチャレベルが高いのですよ。

その憲法を忠実に実践すれば、本当の共和国政府が実現します。つまり、我々のための政府、我々が選んだ政府、我々が権威を定めた政府です。そうなっていれば、今とはぜんぜん違うアメリカになったでしょうね。

だからワシントンたちは、お墓の中で吐き気を起こしたりして、すごく気分が悪くなっていると思います。彼らが一所懸命、建国したアメリカが、なぜここまで落ちたのかということですね。

「ノイズ」と「シグナル」を見極める

創造するスピードに比べれば破壊するスピードは速いでしょう。

テンプル騎士団が作ったロズリン聖堂は、完成するまでに四十五年も費やしたのですよ。一生かけて作ったのです。でも、破壊するときは一日でしょう。

だから破壊するパワーはものすごいのですよ。破壊の力がエンリル派なのです。

彼らは左脳ですが、左脳にはものを分ける働きがあります。だから、今の世の中は二つに分けられているのです。

以前話題になった「サーズ」は、ニセモノの病気です。何も心配することはありません。ちょっとした風邪に過ぎませんでした。サーズにかかれば何万人も死ぬという情報は、人を分けるため、人の行動を止めるため、恐怖を植えつけるための、「ノイズ」でした。

症状としては熱と咳が出ますが、これは普通の風邪と同じですね。何百人もがサーズだと診断されましたが、実際にサーズだったのは三十八人だったのです。

これが、「ノイズ」と「シグナル」です。これからも世の中全部が、細菌の恐怖、テロイベントの恐怖、さらに天変地異が起こって、ますますメチャクチャになっていきます。これらは全部、予言されているのです。

2012年になる前に、世界的にカタロストフ的な戦争が起きます。そして、天変地異を起こすという謎の天体、「ニビル」が接近し続けている最中です。でも視野の狭い人たちは、アメリカの作ったNASAのニセモノのウエブサイトを信じて、「もうポールシフトは起こった、だからアホな話は止めよう」、「あんなものは存在しない」と思うわけです。そして、眠り続けて、またテレビをつけてバカになろうとするのです。

これは実話です。私はオトギ話が大嫌いな人間です。だから、チャネリングなどには拒絶反応を起こします。

「チャネリングだって？　勝手にベラベラ話して、なんでお前のソースの話を信じることができるんだ！」という感覚を覚えるからです。チャネリングのほとんどは、検証できない「ノイズ」です。

情報の中の「シグナル」を見付けるのは、大変な作業です。だから、みなさんは本を読んだり、セミナーを受けたりして、時間やお金を費やすわけですね。だから私はそれに対して、本当の情報を伝えようとしています。

「ライトボディ（光体）」を養成する

テンプル騎士団のシークレットは、みなさんの中に可能性として、「KA」「ライトボディ（光体）」というものがあるということです。

だから私は、蝶になるまでの過程、変容という過程を話すのです。私も含めてみなさんもまだ虫なのです。しかし、これからサナギになります、サナギになるということはけっこう、窮屈な状態です。縛られた状態ですからね。

縛られた状態の時に、エンリルのシナリオができてくるわけですが、これを私は、良い、悪い、とは思っていません。ＤＮＡと同じく両方のラセンが必要だからです。エンキだけでなく、エンリルも必要なのです。

多次元的な宇宙の中で、こういうドラマは、始めからしっかりと計画されたことです。

闇は誰によって創造されたのでしょう？　神によって創造されたわけでしょう。だから、エンリルにも役割があるのです。何もブッシュを消そうとは言っていません。そういう意識ではないのです。

テンプル騎士団のシークレットの光体を養成するためにはどうすればいいのか、これを実際に自分自身で研究しようと思えば、ポイントになるのは松果体です。だから、アヌンナキの古いシンボルのカディウスが、現代医学のシンボルになるわけです。でも、誰も本当には理解できていません。

左脳と右脳の間にある松果体から分泌されるものによって、人間のＤＮＡを活性化することが可能になるのです。

しかし、条件があります。昔のエンキ派の人間は、ムフクジット、つまりスターファイヤーを使い、その上、ちょっと引いてしまうような話ですが、女性の月経の血も飲んだのです。その中にホルモンが豊富に入っているからです。

そのホルモンには、松果体を活性化する働きがあるのです。そういう血を王室に提供する女神がいたのですが、これもシークレットです。そのように女性は偉大な役目を果しているのですね。

ポイントは松果体とＤＮＡですが、たった今から２０１２年までに、光体を徹底的に作ることです。これは自分自身で光体を設計して創造するプロジェクトなのです。何となく、できてくるわけではありません。

でも、これから良い条件が周りに揃ってきます。それは地球の磁場です。ニビルの接近によって、地球や太陽の磁場が変わりつつあります。

私は毎日、ＮＡＳＡの太陽の写真を見ていますが、ハンパじゃないすごいことが、毎日のように起きています。

磁場か変わることは、非常に喜ばしいことなんですね。それに対して準備をして、高次元の電磁波を受けられるような態勢がとれれば、松果体を活性化させることが充分に考えられます。

それがテンプル騎士団の、一番大きなメッセージなのです。

永遠に自分が存在する可能性

今までは、社会の裏、アンダーグランドでやっていたので失敗でした。もう時間がありません。主人公は組織ではなく、自分自身です。

だから、私はみなさんにどう行動すべきかという話は一切しません。私の責任外のことです。どのように自分のゴールを変えるのかは、すべてみなさんの責任です。

2012年までに光体を作らなければ、この肉体はリサイクルされます。「ノイズ」ばかりに注意を払って、せっかくの地球でのチャンスを逃してしまっているのです。そして、役目を果たせない政治家に振り回されて、エンリルの起こしたテロイベントである、9・11の、映画のよう

Life is eternal and life lives forever.

なトリックに騙されているでしょう。バカみたいな話を信じ込んでいるのです。テロリストはアラブ人じゃありません。彼らを操っているのがテロリストです。イスラム教徒は、テロリストをやらされているにすぎません。今度はあそこで爆発させて、次回はここで、というように。

そして、パレスチナとイスラエルの争いをエスカレートして核戦争にしたい、つまり、大規模なリストラをやろうとしているのです。

エンリルは、人間を分別しています。役に立たないと見なした存在たちを、一刻も早く取り除こうというプログラムがあるのです。だから、たくさんの人たちが死ぬように、すでにいろんな形で計画されています。

それが、小数の人間がこの惑星に残って、この星の王様になるという、エンリルの絶対に実現しない幼稚な計画です。そんな茶番劇にみんながフォーカスしているわけです。

それをちょっと変えて、自分の松果体の中にフォーカスしてください。それは永遠に本当の自分が存在する可能性です。ぜひ、それに力を入れてください。

Data File No.22

自分で自分を治めるのが独立個人

●The Sovereign Individual

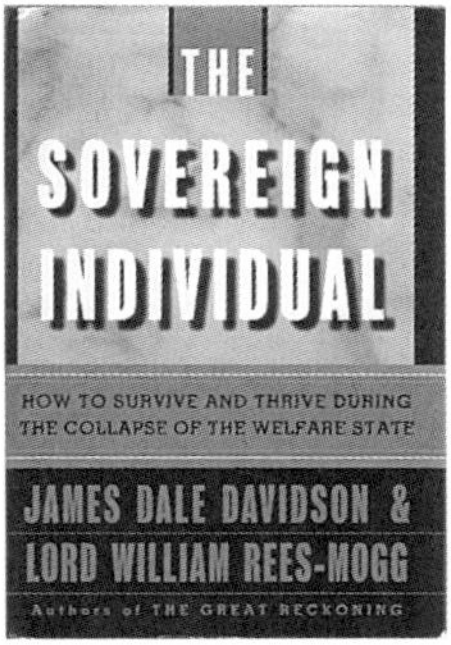

元BBC会長、ロンドンタイムス編集長、そしてマーガレット・サッチャー氏のトップ・アドバイザーであった、イギリスのトップクラスの知識人であるロード・ウィリアム・リース・モッグとジェイムス・デイル・デビッドソンによる著作である本書は、「The Sovereign Indevidual」という独立個人のバイブルのような書物である。その主な内容を下記にてご紹介する。

社会は４つ目の段階に入っている。
▼第一の段階→狩猟社会
▼第二の段階→農業社会
▼第三の段階→産業社会
▼第四の段階→情報社会(サイバー社会)

- 個人が強くなると国家が犠牲になる。なぜならば国家に束縛されることはインターネットによって終わる。個人の責任はもっと重視される。
- Cognitive elite(認識するエリート)である独立個人たちが、政治的な国境外で活動するようになりつつある。
- 政府に支配されなくなる結果、個人は最大の自由を獲得することができる。
- 最大の経済的な富の新しい資源はアイディアや想像力、そのものである。
- 国家そのものは、政治と共に考えられないスピードで崩壊するであろう。
- 今まで政府しか提供できなかったサービスは、民間の組織や会社のインターネット上でのサービス提供のほうに取って代わる。つまり個人のアクセスできる市場は完全にボーダレスとなる。
- その現象に対して各国の政府は必死となり、できるだけサイバーエコノミーを妨害しようとするだろう(もう始まっている)。
- たしかに世界統一政府(グローバルスタンダード)の事実は現実となりつつあるだろうが、サイバースペースによって完全に逆転するかもしれない。

サイバースペースによって、個人は強くなり自由を獲得する。その結果、国家は政治とともに崩壊する。個人は想像力という新しい資源によって無限の可能性を持ち、政府のサービスも民間が提供するようになる。そのかわりに個人の責任は重視される。

おわりに

神話と歴史のマージング・ポイント

本書が出版されるのは、ちょうど、トム・ハンクス主演の新作映画、『ダ・ヴィンチ・コード』が世界中で公開されている頃であろう。この映画が伝えるメッセージは、本よりも強いインパクトを何百万もの世界中の人々にきっと与えることになると私は予想している。それと同時に、この映画は論争の嵐も巻き起こすことになるだろう。

しかし、これは我々人間が、健全な考え方ができる証拠であると、私は捉えている。

本書で論じたエンリル型思考だが、実際のところ、我々人間を支配するようになり、これがあまりにも長続きしすぎた状態に今、私たちはおかれているようだ。エンリルはシュメール神話では、「大気」と「嵐」の神さまである。このエンリルからスタートしたエンリル型思考は、この世にすっかり根づいてしまったのであり、本質的に彼らは絶対主義者なのである。

「テロとの戦いにおいて、あなた方は我々につくか、つかないか、そのどちらかを選択せよ」と彼らはいうのである。ある一国の大統領が、このよい例を示しているではないか。黒か、白かのどちらか選べ、というのと同じなのだ。

このような、いわゆるエンリル型思考と私が呼ぶものは、自分たちは物事に関して常に一番よく知っていて、常にみんなのためになることを第一に考えている、と盛んにいうのである。

これは、世界のカトリック教会にも窺える事実ではなかろうか。こういった宗教がこの世に存在する一方で、人々を独裁主義者から解放させるために戦争をするというような政治が、深く世界に浸透している。

「我々はイラクの人々のためを心から思っているが、まず、最初に爆弾を数発落とせ！」というような矛盾した考え方を、今までどれほど多くの人々が信じてきたことだろうか。こういったエンリル型思考は、人類は猿から進化したと教えるが、その確かな証拠を決して明かさない。エンリル型思考とは、俗にいう「左脳型思考」である。それは、魂とのつながりを失っている思考パターンだと私は捉えている。また、このエンリル型思考は、ばかげたことを論理的に思わせることを、非常に得意とするようだ。

キリスト教の教会は、物事を一番よく分かっていると常に唱えてきた。そのシステムが何百年間にもわたって存在してきたことが、その証であると彼らはいう。だが、それにしても、このシステムが真実に基づいているとは思えない。一般の科学やテクノロジー、そして神学などは、すべてこのエンリル型思考から生まれたことは確かで、その上、マザー・テレサなどの素晴らしい人間も、そうしたシステムから出現したことは事実である。しかし、マザー・テレサは、そのシステムから数多くのチャレンジを受けたことも本当である。

私はエンリルが悪いとか、間違っているなどと非難しているのではない。私が強調したいのは、それには限界があるということであり、確かにそれは強い勢力で成功してきたが、それは今までのことであるという点である。

「エンリル」というのは、一体何者だろう？　エンリルとは、我々、人間の一人ひとりの心の奥深く、無意識の部分に存在する一つのアーキタイプ（原型）として考えられる。私たちが生きていて、何か物事が完全に狂ってしまい、助けが必要な時に救ってくれるのが「システム」であり、常に私たちがこれを一番、必要としてきたことも事実である。

そのシステムを提供してくれるのが、エンリルであり、私たちは常にエンリルを求めてきたのである。地震が起こると、ヘリコプターを現地に首尾よく飛ばすのもエンリル的頭脳の得意とすることで、効果的に組織を成すことができる。

だが、このエンリル型思考が、すべてを取り仕切ろうと、つまりコントロールしたくなる時に人類にあらゆる問題が起きてくることは、過去の歴史から確かである。進化する私たちには、そろそろこれに気づかねばならない時期が来ているのだろう。

本書で述べたように、エンリルには相対する兄弟のエンキがいる。エンリルはきわめて長期にわたり、一般の人間がエンキ情報にアクセスすることを妨害し続けてきた。エンキはバビロニア神話では「水」の神であり、また職人の守護神として崇められてきた神さまである。

だが、このエンキの流れは常にエンリルとは逆をとってきた。世の中の隠れた智慧として、また異教徒として存在し続けてきたのである。

今までひっそりと隠れてきたグノーシス派（キリスト教の異端思想：人間が肉体・物質世界から浄化され、自分が神であることを認識することで救われると説く）の流れや、テンプル騎士団の伝統、古代エジプトの智慧ある教えについて、近年になって急にスポットライトが当てられるようになった。このようなエンキ情報が、とうとう復活する時期が今、訪れているようだ。私たちが救うのはこの肉体ではなく、魂であり、そのために彼らがきっと今、必要とされているのだろう。

こういったエンキ型思考によって、意味深いシンボルを通じて本書のテーマであった錬金術を、そして変容を、さらには、本来、個々がもつ責任を、私たちは教えられたのである。

エンキは、神秘と神話に満ちた宇宙が存在していて、そこで進化しながら生き続けようとする我々、個々の人間を尊重する教えを残してくれている。エンリルはどちらかというと、時間表や、歴史を食い物として栄える権威主義が支配する階級システムを提供してくれたといえよう。仮にそれが「民主主義」と呼ばれるものであっても、決してあなた自身がこの国を運営しているのではないからだ。

これこそ神話そのものではないのか。しかし、エンリルなしでも、エンキなしでも、私たちは存在できないのである。なぜなら、二元性というこの世界に私たちは生きているからである。グノーシスはこれをよく理解していたので、光と闇、アルコン（Archons　支配者）と大天使について、優れた物語の数々を残している。さらにグノーシスは、高度な力を示す存在として、必ず女性を重視してきたのである。

エンキ型思考において、「女神」という発想は最初から認識されてきた。キリストのオリジナルの教えでは、つまりエンキ的教えの中では、女性は尊敬されている。キリストの神秘学校においても、女性たちが多く含まれている。

キリストの弟子たちの中で特にマグダラのマリアは、一番優れた人物であったという記録も残っている。死海文書や聖書などを注意深く読むと、陰陽という観点が浮き彫りになってくる。この点に関して論理的な反論はまずないと思う。

いわゆる「歴史家」とか、「科学者」と呼ばれている専門家たちは、あまりにも長い間私たちの今の文明を支配してきたせいで、こういった諸々の疑問点に道筋をつけてくれていることは確かである。だが、そのせいで偉大なパワーが秘められている我々の素晴らしき神話の数々は、世の隅の陰の部分へと追いやられたことも確かである。したがって神話というものに、「子供じみた話」というレッテルが貼られてしまっているのである。


そんな消えゆく神話ではあるが、日本の神話を見ると、神々の性格がユニークにも描写されている。日本の神々の物語は、また、非常に美しく、面白くさえある。神話は西洋諸国において、かつては高貴な意味があったが、今日となって、やはりエンリル的教育のおかげで大方の人々には、まるで子供相手のおとぎ話にすぎなくなってしまった。

しかし、今日となって私たちは再びエンキサイドの「人類の物語」を深い眠りから目覚めさせようとしているのである。今さら、遅すぎるのではないだろうか、とさえ私は思うのである。

だが、こういったエンキ情報は『ダ・ヴィンチ・コード』だけに留まらず、ごく最近になって、エンリルシステムにどっぷり漬かっていた、つまり、エンリル的教育を受けたあるカナダ人の牧師が登場している。本当の光をついに見たのであろうか。『異教徒キリスト』という題の本に彼は、ダ・ヴィンチ・コードにも勝る素晴らしい研究の数々をまとめている。

その作家は、本書の冒頭でもお伝えしたトム・ハーパー牧師である。彼の本に込められたメッセージは、きっと大半のクリスチャンにとっては非常にショッキングな内容であろう。つまりハーパーは、キリスト神話が、他のすべての復活神話にもみられるように、歴史を通じて私たちが創造してきたものであり、歴史的事実にまったく基づいていない、と説いたのである。

こういった内容も含めて、非常にアカデミックによく研究されているハーパー牧師の異端的な見解を少しばかり検討してみたいのだが、まずその前にハーパー自身の極めて印象的である経歴を知ってもらいたい。

トム・ハーパーは、北米ではよく知られている精神世界関連の本の作家である。さらに彼は、あるテレビショーのホストとしてよく知られている人物でもある。彼が執筆した本やコラム、関連ビデオなどは、まさに世代や信仰の違いを超えて、多くの人々を共感させずにはおかない何かがある。

よってハーパー牧師は、いわゆる「精神世界」のひとりのリーダーとして、現在はよく知られるようになったのである。彼はただ、聖職者というだけには留まらず、ジャーナリストとしてカナダでは最大の発行部数を誇る「トロント・スター」という新聞にこの30年間、倫理、精神世界、宗教に関する記事を書き続けてきた。今日にいたる12年間は、当紙の宗教コラムの編集を務めながら、1984年以降からは、倫理と宗教をテーマとしたコラムに定期的に寄稿している。

彼の学歴も著しく優れていて、決して並ではない。トロント大学からギリシャ語とラテン語のジャーヴィス奨学金を含む、複数の奨学金を獲得してきた。ローズ奨学金によって、彼は1951年から三年間、オックスフォード大学で学んでいる。その後、トロント大学の神学科を修士している。

ハーパーは1957年から1964年にかけて、オンタリオ州にて英国教会の牧師を務める傍ら、トロント大学で新約聖書の教授を務めた。1976年にはイスラエル国から優秀なジャーナリストに贈られるシルバーメダルを授与し、合衆国やカナダの宗教名士録に彼の名が載ることになった。

今日ではメジャーなテレビ番組やラジオ番組にも出演するようになり、宗教・精神世界分野の研究家として知られるようになった。

トム・ハーパーが名もない人物では決してないことを、お分かりいただけたかと思う。

トム・ハーパーは、私のようなアマチュアの研究家たちが、長年、調べてきた結果と同じ結論に至ったのである。今となって、自分が受けた教育とはまったく異なる内容に彼は完全に目が覚めたようだ。

彼と同じような結論にたどり着いた人々は意外と多いのではないだろうか。しかし、それを口にするには、あまりにも勇気が必要とされる。そうとはっきり言い切ることに、みんなが恐れを感じているのである。

それはいったい何かというと、イエス・キリストの物語は、実は一連の長い創造神話のひとつにすぎない、ということである。さらにはそれが、唯一、存在するストーリーではないというのである。

これをいうと、真っ向から教会に逆らうことになるだろう。しかし、キリストの物語こそ唯一、世界に存在するのであれば、これこそ歴史的にみても極めて疑わしいのは明確である。イエス・キリストと、彼にまつわる数々の話は、古代エジプトのオシリス神話とほぼ共通した点が多くある。本書の基となった私の講演内容では、このオシリス神話の元はシュメール文明にまで遡るのである。

本書を読んでいただいて、ある古代の伝統がどのようにキリスト教の基盤となったかが、お分かりいただけたかと思う。

イエスとは、エンキ派の血統を受け継ぐ預言者、智慧者の長い系列上のひとりに過ぎなかった。そして、「ホーリーグラール」（聖杯）と呼ばれる特殊な血筋をもつ人物であり、その血筋こそまさに、エンキの血をそのまま受け継いだのである。この家系から、エジプトの偉大なファラオのイクナートンもモーゼも、そしてキリストも、次々と出現したということを私は知ったのである。

さらには、現在に至るまで錬金術師やグノーシス派の人々が、名こそないがこの血統に代々伝わってきた神秘学校との強い関わりを、常に保ち続けてきたという事実が明らかになったのである。

その同じ学校の教えを確実に受け継いだのが、あのフリーメーソンと呼ばれるグループであり、彼らがこれをヨーロッパからアメリカへ持ち込んだというわけである。しかし、その伝達経路のどこかで、エンリル型思考が完全に取って代わったということに私は注目している。

フリーメーソンは現在、ご存知のとおり、ロータリークラブのような世界的に大きな組織の一つに変身してしまった。今のフリーメーソンの最大の秘密とは何かということ、やはり、その過去の本当の秘密をすっかり忘れてしまったことにあるのではないだろうか。このような皮肉っぽい批判を、私は近代フリーメーソンについて言わずにはおられない。

人間は女神を忘れ、そして個々のスピリチュアルな探求を忘れ、さらには宇宙とのつながりを忘れてしまった。私たちは、ことごとくエンリルの信者になってしまったのである。一人ひとりが、古代の神々や女神たちを写し出す鏡であることを、すっかり忘れてしまっている。私たちそれぞれが、本当はキリストであり、ブッダであり、マグダラのマリアであり、イシスなのだ。これは可能性として、私たち、みんなの内なる世界に内在しているのである。

さて、古代エジプト人たちは、馬鹿げた発表をする今日の考古学者たちが知っている以上に、はるかに洗練された人々だったはずだ。後の時代となって、錬金術師と呼ばれる人々が出現したが、こういった錬金術師たちが非常に意味深く捉える「上の如く下も然り」という金言がある。これを残したのも古代エジプト人たちなのである。

古代エジプトこそ、霊的に高度な科学者たちによって、今とは比較にならないほど素晴らしい文明が築かれていたようだ。地面ばかりを掘っている今の考古学者には、到底、理解できないほど高度であっただろう。ほとんどの考古学者はエンリル派のシステム下で訓練されているために、その本当の偉大さに気づかないのも仕方がない。


キリストは私たち、個々が内なる世界にフォーカスし、〝Sovereign Individual（独立個人：各々が主権を持つ）〟になることを人々に教えたが、これも同じようにほとんどの人々は気づかないで、それを忘れてしまっている。

ほとんど間違いなく、イエス・キリストは存在していたと思う。歴史的人物の中でも彼は最も革新的で、最も優れた霊的マスターのひとりだったと私は考えているのだが、しかし彼がたった一人の神の子であると信じるのは、それこそ神話だといえよう。

今日となって、『ダ・ヴィンチ・コード』などの本が出版され、その一方ではトム・ハーパーのような聖職者が現れるようになった。世界的にこの分野に関するジャーナリストたちや研究家たちも多く現れている。要するに、誰もがこのような古代の秘密を共有できる時代となったということである。今こそ、宗教というものの意味を再び検討しなおす絶好のチャンスが到来しているのだと、私はとてもうれしく捉えている。

死と再生（復活）は、この自然界において生きとし生けるものが分かち合う現象であることはいうまでもない。死を象徴する冬から木々や草花が復活する春が誕生するように、四季の移り変わりにもこれが見てとれる。

そしてまた、素晴らしいヒーローたちが、もっと高次元のスピリチュアルな世界から眩いばかりの光を、暗い闇の次元へ持ち帰ってくるというような、世界の隅々にまで存在している神話も同じような死と再生のドラマがある。私たち自身にしても同じである。誰もが避けることのできないこの世での厳しい経験などは、まさに十字架にかけられるような受難であるといっても大げさではない。

英語では、〝I got nailed〟という表現があるが、はりつけのように釘で打たれるという直訳的な意味があり、厳しい状況に置かれる時によく口にする言葉である。不快な出来事が起こったり、罰を受けたり、なにかしら傷つくことを意味する。このような状況におかれてもこれを生き抜くことが、私たちにとってまさに、十字架を背負って生きることではないだろうか。私たちは唯一統合された神から分離した罪を、生きることで償っているのである。

さらに、死後復活して、「父の家」へ天昇（アセンション）するのは、イエスだけではない。私たちの誰もがイエスのようにアセンションできるはずなのだ。ただし、錬金術師的な観方をもって自分の内なる世界にて「生」というものを理解し、私たち自身の心の内面に起きるすべての対立を解決し、変容することができればである。これ以外の条件があるとは、私には思えない。

どんな人間であっても、男も、女も同じように心の中には男性性も、女性性も一緒に存在している。太陽的な部分もあれば、月的な部分も私たちにはある。

だからどんな経験においても、私たちの心の中ではエンリルにもなりうるし、エンキにもなることができるのだ。このようなわけ方に抵抗があるなら、右脳型思考にも、左脳型思考にも、どちらでも好きなほうになれるといってもよい。

キリストの物語は普遍的である。だが真剣に研究すると、キリスト教だけに限られた話ではないことにすぐに気づくはずである。むろん、このような意見は、保守的な信者たちには到底、受け入れられることはないと思うが。キリスト教の教会というのは一般に、立派なエンリル派的理論を唱えながらも、今まで私が述べたような内容を真実として認めない。だからこういうことをいうと、きっと理論攻めにされるのがおちだろう。

さて話を元に戻そう。そう、あのイスラエル出身の才気に満ちたひとりの若者が実際に今、生きていたと、ここでちょっと想像してみてほしい。彼こそ、あの世界的に広まった超有名な物語の主人公である。そのごく短き人生のドラマは世界中に、たとえジャングルの奥地であろうが、今日まで衰えることなく伝わったのである。

そして今、彼がこの世界に戻ってきたとすると、さぞかし、驚くに違いない。自分が目にする世界を彼は喜ぶだろうか、ぜひ、ご想像いただきたい。彼が見る世界には、きっとこんな光景もあると思う。この世を動かしているリーダーたちが、しばしば聖書を手に、誓いの言葉を発している光景が目に映る一方で、次の瞬間には、同じ彼らがこの世に「自由」をもたらすためといい、人殺しの作戦を練るのに会議室に集まっている光景である。きっと彼はそういった矛盾を嘆くだろう。

愛する人々のために殺すことができるエンリル型思考のよじれた論理性は、残念にも非常に感染性が高いのだ。だから、「解放」のために平気で爆弾を落とす世の中が今、こんなにも広がりつつあるのだろう。彼らにとって、守るためには攻撃が必要なのである。このエンリル的な考え方こそが、今という時代に完全に狂った方向に頭を突っ込み、我々、みんなを巻き添えにしているのだ。

そして、もうどうにもならないところまできてしまった。これによって支配される世界に今、私たちは暮らしている。これに目覚めないかぎり、何も始まらず、またこれ以上、進みもしない。

世の中に浸透しきっているこの思考パターンによって我々は、エンキ型思考をほぼ完全に、無意識のレベルにまで深く埋めてしまったのである。この事実に私たちは今になって目覚めたのであり、『ダ・ヴィンチ・コード』のような本が出版されたり、さらにはそれがハリウッド映画となったりもしている。

これと同じような本がほかにもたくさんある。異端的な理論が書いてある数々の本は、今、何百万部も売れるベストセラーとなって世界中に現れている。現在の世界では、このような情報に非常に大事な役割があるように思われる。

実際のところ、こういったエンキ情報は、あなた方の中にも、また私自身の中にも、ずっと心の奥深くで生きながらえてきたのである。もちろんエンリル情報も我々、個々の頭脳の中でこんなにも成長しているではないか。

さて、日本という国の民族的な特長を見た場合、このどちらに当てはまるだろうか。その軸となる文化にきわめてエンリル型教育が浸透していることはまちがいない。日本は世界でも有数なビジネスやテクノロジーを生み続ける近代的な国家であるからだ。
しかし、欧米諸国のようにエンリル型だと決めつけられない要素がたくさんあるように思われる。私がこの国で実際に生活して気づくことは、一人ひとりの国民は元来、非常にエンキ型だと感じさせられることである。日本という国は、豊かな神話で満ちており、古くからある神道の伝統などは絶えることなく、今でも強く生き続けている。またその逆の立場として国民の宗教意識が反映されている。宗教に関しては、日本という国は常にあいまいな態度を保ち続けてきた国であるといえよう。

宗教的な国民としてのカテゴリーには、決して当てはまらないのが日本である。だから宗教心のない国民であるということではない。非常に高いスピリチュアリティーを保った国民性が、今でも窺える民族なのだ。あの『ラスト・サムライ』という映画の中で、ヒーローのアメリカ人が日本人のことを、確かこういっていた。「彼らはとてもスピリチュアルな人々です」と。この言葉どおりであると、今の日本に住む私でさえ同感である。

日本という国の平和に対するパワフルな意識は、決まりきった宗教をもたない国であるからこそ、力強く残っているのだと私は思う。この意味において、日本は非常にグノーシス的な文化を維持してきたといえる。

しかし、グノーシスとの大きな違いが一つある。それは、一人ひとりの個人に関わるのがグノーシスで、キリストのメッセージも、テンプル騎士団のメッセージも、さらには錬金術に関するメッセージも、その点で異なるのである。

これらはすべてあなたという個人を中心に働きかけるものであり、人種や集団をいっているのではない。平和な未来へと進化する道のりを創造するために、自ら切り開いていくのは個々の私たちである、という点がちがうのだ。あなたも、私も、自身が行うことであり、これは神々だけに任せきれる仕事ではない。きっとあなた次第で、神々も一緒になって協力してくれることだろう。

このプロセスは、とりあえず、集合的な平和意識として始まらないのは確かである。神を男として、あるいは女として受け入れようと、どちらでもかまわない。ともかく、神は実際に存在している……、これは絶対に疑いようがない事実として私は信じている。なぜなら、いかなる疑問も超越したところの真実であるからだ。錬金術師たちにしても、人間の意識が現象世界だけに制限されているなどと、馬鹿げたことは信じていなかっただろうに。

仏教というのは一般に、神の存在自体を問題としない。ある意味で神の存在を完全に無視し、きわめて洗練された哲学システムであるといえよう。

だが、それにしても般若心経やマントラなどは明確に神聖さを顕している。神の存在を信じずに否定する人たちを、一般には無神論者というが、神の存在を否定すること自体が、実際に神にフォーカスを置いていることになるのではないか。

いずれにせよ、どんな人間であっても、日々の暮らしの中で自らに向き合い、人生の意味を見出そうと努力して生きているのは確かである。誰もが「鉛」(生きることの重み)を、一般に「幸せ」といわれている「金」に変える錬金術師さながらの挑戦をしているのである。

さて、この「幸せ」というものは、高度な意識なしでは存在しえないと私は思うのである。そして、この高度な意識によって私たちは、他人の幸せを当然のこととして考えずにはおれなくさせられるのである。この国で人生の大半を過ごしてきた私は、日本人には他人を気遣う精神がある反面、どちらかというと自由に物事を自分で決めたり、選択したりする能力に欠けるところがあると、客観的な外国人の意見をもっている。しかし、これも今、変わりつつあるようだ。もっとそうなるようにと、私は日本人に強い期待をもっている。

どこの国にも「すべての人々のために」とか、「あなたを救うために」と話しかけてくる人々はいるのだが、私はこういった言葉には気をつけたほうがよいと助言する。このようなことを語りかけたり、悟ったふりをしたりする人もまだまだ多くいる。自分がキリストの生まれ変わりだなどと名乗る宗教っぽい詐欺師たちは、この時代になっても少なくはないので注意すべきだ。

自由に物事を自分で決め、選択できる時代に本当に大切なのは、宗教や主義、政治も含めて、あらゆるシステムや権威を疑ってみることであろう。これからももっとこの部分をはっきりさせるために、我々は真実を見抜く力がより一層、要求されるだろう。

私たちの誰もが、エンリルとエンキの部分を心の中に持っている。このバランスを取ることが、まさしく錬金術の究極の目的だと私は思う。その目的の小さな一部分として、私たちは今、この地球に生き、その後もこの目的を達成させるために、魂の冒険の旅はきっと果てしなく続くのであろう。

これについてグノーシスは、素晴らしい教えを残してくれている。私たちの各々は、光からやってきて、いつかまたあの光に還っていく、というメッセージである。これを達成するために、人間には助けが必要である。だからこそ、マグダラのマリアやイエス・キリストのような存在がいるのだろう。

私たちが地上での時間をもっと有意義に過ごせるように、彼らは、シンプルでありながら、非常に素晴らしい発想の数々を、私たちに提供してくれているのだろう。この二人も我々と同じように、ごく普通の人間意識をもってお互いに交流しあい、そしてそれよりももっと神性なクオリティもまた、互いに分かち合っていたのであろう。

彼らも私たちと同じように、光と闇が交じり合った人であったにちがいない。男と女、光と闇、すべて相対するものが一つに融合する時点を、あえて私は「マージング・ポイント」（融合点）と名づけたが、これこそ、私たちに唯一、残された未来なのではないだろうか。

宗教の道とは信仰であることはいうまでもない。その信仰のおかげで、人間が神の存在を強く信じことができるようになった。それを導く手本となる偉大なる存在が歴史を通して数々、存在してきた。キリスト、ブッダ、マホメット、モーゼといった人物が実際にいたのかどうかは別として、彼らはみんな、人間は変容しうるということを説いたのである。

しかし、彼らのような歴史的に有名な存在たちによって、私たち人間が文字通り変容させられたわけではない。こういった偉大な存在たちと、彼らにまつわる神話のパワーによって、それを達成しやすくなったということなのである。それがたとえイスラム密教のスーフィー教の聖者であっても、ユダヤ教やキリスト教、仏教やヒンズー教の聖者であっても、全員が人間の意識を共有し、この地球に肉体を宿した。この次元にいるかぎり、貧富や賢さを問わず、苦しみは避けられない。

では一体、何が苦しみなのだろうか？　それは、自分自身が何者であるかを忘れてしまうこと自体であろう。これが人間の究極の苦しみなのではないだろうか。

例えば、ある日、目が覚めると自分が豚であることに気づいたとしよう。それからずっとそう思い込まされる……。このようなことに似ているのではないだろうか。その日からずっとその考えが何年も長く自分を支配し、人間であることを完全に忘れてしまい、そうでない自分が存在することこそ、苦しみの原因なのである。人間の苦しみの原理は、まさにここにあるのだろう。

私たちはみんな、自分自身の心の奥深くに存在する、すべての人類が共有するなにかを忘れてしまった。それは神話であり、その源が何であるかを、私たちは忘れてしまっている。その源はきっと自由な宇宙からの贈り物としてあるのだろう。ひょっとしたら、神からの贈り物かもしれない。それにしても宗教というものは、今日まで長い、長い旅を続けてきたのである。それが今、終わりに近づいている。しかし、宗教が静かに退散するとは思えない。世界のあちこちで、ドカンという爆発音をたてながら、徐々に死に近づいていくことだろう。

戦う神々はみんな、お互いを殺しあった後に、実はみんなが同じであり、永遠の神話の諸バージョンであったという事実に気づく時が来るのだろうか。神話は私たちにとって、まるでおとぎ話のように思われている。子供たちが平和な夜の眠りを促すために、親から聞かされるような話と一般に考えられている。そもそも私たちが暗闇の時代を通過する際に役立つようにと神話はあるのだが、それにしてもそろそろ、神話を聞かなくてもよいほど我々は成長したのではないだろうか。

ようやく、人類のさらなる進化の時が訪れたようである。遠い昔、私たちの祖先たちは神を真剣に崇拝していたが、今の私たちは各々自身が、神としての自分に目覚め、古い廃墟から新しい世界を創造しなくてはならないようだ。

私たちこそ、まさに死から蘇る不死鳥そのものであろう。そこに私たちの唯一の未来がある。私たちこそ、神話の創造主だったのだ！

私が古くから尊敬する今は亡き知人に、ジョン・C・リリーという偉大な意識の研究家がいる。リリー博士は、ずっと以前にある素晴らしい言葉を述べている。

『サイクロンの中心では人はカルマの輪を脱し、人生というサイクルから解放される。その中心にて私たちは上昇し、宇宙の創造者たち、つまり私たちの創造者たちとひとつになれる。その時、私たちは、私たちという彼らを私たちが創造した事実に気づくだろう』

あとがき

私にとって本書は、今までとはまったくちがう新しい経験を与えてくれました。なぜかというと、これは腰をおろして書いた本ではなく、私が二度にわたり講演した内容が本となったからです。それらの講演を明窓出版で書き起こして、私に送ってくださいました。そして、妻の愛知ソニアと私が、その原稿に注意深く目を通して出来上がりました。

明確さが不足している箇所は追加し、説明を加えましたが、基本的には「キリストの知性分析と錬金術」、それに、「テンプル騎士団の秘密」と題した二つの講演内容が、この本となりました。話し手を目の前にして直接話を聞くのと、本を読むのとでは、理解する上で頭を使う部分がそれぞれ変わってきます。このような理由で今回、本書にも他の著書同様にデータファイルを入れることにしました。

このようなデータファイルをたくさん入れて完成させた最初の自著が、『フォトンベルトの真相』でした。私がすべてのファイルのアイデアを考案してから、当時、私のアシスタントだった一也さんがパソコンで作成してくれました。その際に作成したデータファイルの一部は、本書にもふさわしい、大切な情報でしたから、今回も記載しました。

「太陽の暗号」という私の別の本のデータファイルを担当してくれたのは、澤野大樹氏です。このデータファイルも今回、多く含まれています。さらには、本書にふさわしい数多くのファイルを、再度、澤野氏に新たに製作してもらいました。

なにはさておき、澤野氏は本書のベースとなった二つの講演会を始め、ほかにも私の講演をシリーズとして主催してくれている「INTUITION」の主宰です。ここで私が行った講演会のすべてを、彼は映像におさめてくれています。このお二人に私はまず、こころから感謝しています。

そしてもちろん、忍耐強くこのプロセスを遂行してくださった明窓出版のみなさんにも、とても感謝しています。

それから、この本のカバーをデザインしてくださった株式会社パーセプションの和田達哉氏にも感謝いたします。

ご存知のとおり、私は日本人ではないので、日本語を完璧に話せるわけではありません。講演会でもよく、おかしな表現をしたりするのですが、おかげさまでみなさんには忍耐強く聞いてもらっています。日本語の文法や発音のおかしなところも確かにありましたが、それらをきちんと修正して、適切な変更を加えてくださったおかげでこの本があります。ひょっとしたら、読者のみなさんには、私の実際の変な口調のほうが面白く読んでいただけたかもしれません。そういうところもちゃんと残してくれたことはありがたいと思っています。

いずれにせよ、お読みになられた結論として、本書の内容がみなさん独自のものとなっていることを願っています。もちろん多くの疑問点もおありになることと思います。

表に公に現れているスピリチュアルな伝統、それから私たち一般には、ずっと隠されていたスピリチュアルな伝統、これは非常に重要なテーマですので、図書館から本を借りたり、インターネットで検索したりしながら、これからも一層、よく追求し続けていただきたいと願っています。

私たちにとって大切なのは、自分自身で考えることなのです。そうすることでご自分なりの回答を見出していただきたいのです。いうまでもなく私の役割は、できる限りの情報を提供することにあるのですが、しかし私も限りある一個人にすぎません。古代の人々に関する真実と同様に、キリストとその教えなどに関しても非常に深いテーマであるので、私ごとき一個人では、どうあがいても完全に近いところまで説明しきれるはずはありません。

しかしそれにしても、こんなにも長い間、私たちを今まで支配し続けてきたシステムそのものを、本書をお読みいただいて、疑ってみる勇気が湧いてきたと感じていただければ私は満足です。

「おわりに」と、この「あとがき」は、妻の愛知ソニアが訳してくれました。妻は長年にわたり、一緒になって数々の本を翻訳したり、編集したりしてくれていますが、本書も全体的なバランスを考えて、校正と編集を担当してくれました。このように、私の仕事をいつもサポートしてくれる妻に常に感謝しています。

さて、読者の皆さんの中には、きっと献身的なクリスチャンの方もおられると思うのですが、どうか本書を異端的な発想と決めつけないでいただきたいのです。信仰というものは、いかなる人間の人生においても大切なものです。その思いを留めさせたいなどという気は私にはもうとうないのです。私自身は教会へも通わないし、いかなる宗教にも所属していませんが、自分自身は至ってまじめなクリスチャンだと信じています。

キリスト教の中でも、原理主義的な人たちは、今の教会が主に導く一般の教えを私が信じないかぎり、異端者として見なすことでしょう。そして、私自身がクリスチャンだと名乗ることさえ、おかしいと彼らはきっというでしょう。しかし、私はそうは考えていないのです。

キリストは宇宙的な実在であり、私たちみんなの中に、私たちの自己のもっとも深い部分に生き続けていると思うのです。テンプル騎士団についても同じだといえます。キリストを知るために宗教など必要ないのです。このひとりの男性が、世界に与えた莫大な影響を考えると、キリストの物語というのは実に多次元的なものであり、また非常に奇跡に満ちたものだということが分かります。

キリストの魂、つまり「キリスト意識」を本当に信じるなら、キリストの復活について、そして、キリスト既婚説についての私の考えを、きっと違和感なしに受け入れてもらえるはずです。


さて、ナショナル・ジオグラフィックという番組で、『ダ・ヴィンチ・コード』を取り上げていて、その中でインタビューされたあるカトリックの牧師さんがこんなコメントを述べていました。「キリストが結婚なさっていたかどうかは、私たちには問題ではありません」というはっきりとした意見でした。もちろん、キリストの復活に関して、同じように答えるのはそれほど簡単ではないでしょうが。

しかし、「おわりに」でも論じたカナダの有名なクリスチャンの牧師、トム・ハーパーは、偉大なキリスト教の伝統が作り上げた「キリスト神話」を肯定的に受け入れています。この神話を信じることによって、彼は自分が良き人間としていられると感謝しています。私たち自身をより立派な人間にさせるのであれば、クリスチャンか、どうかなんてもう関係ありません。

この世界で私たちを動かすのは、神話のパワーなのです。それなのに私たちは、高度な科学や、純粋な宗教だけが私たちを進化させると考えてしまい、ずいぶん多くのすばらしい神話の数々を葬ってきました。

しかしこれからはこうであってはならないのです。科学が私たちの頭脳には役立つのは当然のことながら、私たちの魂を救うのはその科学ではなく、私たちの心なのです。そして私たちの心を支えるのは信仰であり、宗教です。そしてその心を支えるはずの宗教の大方が神話に基づいているという事実が今、証明されつつあります。しかし現代人の多くは、残念ながらこれをそっけなく拒否してしまっています。

英語には「赤ちゃんを風呂水と一緒に流すな」という面白い表現があります。物事のエッセンスは捨てずに、必要がなくなった部分だけを捨てろというアドバイスとしてこの表現を使います。本書をお読みになられて、私たち自身のルーツが開けてきたのではないかと思っています。そして、「己を知る」ということの大切さもお分かりいただけたかと思います。

古代ギリシャでは、自己についての知識を〝Sofia（ソフィア）〟といいました。このソフィアも必要なのですが、それに加えて信仰も必要なのです。この信仰は〝Pistis（ピステス）〟といいました。テンプル騎士団の物語も、そしてキリストの物語も、これらの二つの観点を重視しています。現実をしっかりと把握するためには、この二つのダイナミックなアプローチが必要であり、どちらかひとつ欠けてもだめなのです。私たちは今、確実に困難な時代に突入しており、「ピステス・ソフィア」（信仰のある自己知識）がきわめて重要になってきたと、私は痛切に感じているのです。

本書の出版をこんなに早く実現してくださった明窓出版にもう一度、感謝します。それから、「INTUITION」の澤野大樹氏と、明窓出版を最初に紹介してくださった白峰先生にも感謝しています。

キリスト神話のパワーを人類に捧げ、大きな貢献をした偉大なカトリックの聖人たちや賢者すべて、そして、自らと宇宙、永遠の魂に関する知識を求める人類に回答をくれたグノーシスの智慧にも感謝しています。偉大なテンプル騎士団と錬金術師たちにも感謝します。

最後になりましたが、多くの点にかけて、真のキリスト教徒だと私が信じている日本のみなさま方に日々、感謝しております。

主の多くの教えに実際に沿った生活を送られている日本人の方々はおおぜいいて、互いを兄弟姉妹のように大切にして、毎日を生きておられるように思います。日本人の持つ忍耐強さや、平和を愛する心、本当の人間らしさを大切にすることは、主が実現させようとした「地上の天国」を支えるために、なくてはならない三本の柱となる、まさに主の教えそのものであるといえましょう。

そして何千万人もの人間が狭い国土に暮らす日本人こそ、「あなたの隣人をあなた自身のように愛せよ」という御言葉そのものが、リアルに存在する実例なのです。災害に襲われても、非常に互いに助け合う精神があります。これは宗教に基づいてあるのではなく、常に豊かな神話で満たされてきた、長年のパワフルな伝統があるからだと思います。

これは、三十年以上この国に住んでいる私が見てきた事実です。お祭りの行事などでも、それは反映されています。

私が信じるところ、日本はかつて隠れキリスタンと呼ばれた人々も多くいた国です。そのような人々は有名人でもない普通の人たちでした。誠実さとまじめさは、このとても特殊な国で、私が幸運にも出会ってきたほとんどすべての人たちに当てはまる、すばらしい特質だと私は感じているのです。

そしてまた、彼らは自分を特別な人間だとも思っていません。真の聖者とは、実は自分がとても罪深い人間であることをよく知っている人ではないでしょうか。

エハン・デラヴィ
三田にて　２００６年３月１３日

ＩＮＴＵＩＴＩＯＮ主宰、澤野大樹から

これからも『情報誌ＩＮＴＵＩＴＩＯＮ』、そして各種講演会企画など、有意義な場を作っていきたいと思っております。

『情報誌ＩＮＴＵＩＴＩＯＮ』では、新規購読者を募集しています。また『情報誌ＩＮＴＵＩＴＩＯＮ』主催による各種セミナー企画や、ビデオ作品、ＤＶＤ作品についての詳しいご案内なども、ホームページをご覧ください。

http://www.intuition.jp/

キリストとテンプル騎士団《きしだん》
～スコットランドから見た
ダ・ヴィンチ・コードの世界～

エハン・デラヴィ

明窓出版

平成十八年五月二十日初版発行
発行者―― 増本 利博
発行所―― 明窓出版株式会社
〒一六四―〇〇一二
東京都中野区本町六―二七―一三
電話 （〇三）三三八〇―八三〇三
ＦＡＸ （〇三）三三八〇―六四二四
振替 〇〇一六〇―一―一九二七六六
印刷所―― 株式会社 ナポ
落丁・乱丁はお取り替えいたします。
定価はカバーに表示してあります。

ISBN4-89634-184-8

ホームページ http://meisou.com Eメール meisou@meisou.com

③『火星の真実』ＥＤ-003
ＤＶＤ117分作品　8,800円（税込）

NASAが隠す宇宙と火星の衝撃真実とは何か？
古代エジプトの叡智と“聖なる幾何学”の謎！！
ミステリーサークルと、地球のエナジーグリッド
未知情報の洪水が次々とあなたに迫る！！

■クレメンタイン計画とＮＡＳＡ
■月面で発見された幾何学模様
■火星には人工建造物が存在する
■ＮＡＳＡの宇宙計画には“象徴”が隠されている
■ＪＰＬスタッフも驚愕した火星の人面岩
■ダビデの星（２つのピラミッド）と“19.5”のシンボル
■地球を司るパワーは、超次元から来ている
■エジプトのピラミッドはオリオンのコピー
■なぜ？イギリス南部に「ミステリー・サークル」が出現するのか？
■スフィンクスのステラは宇宙のネットワーク
■アンヌナキとシリウス、ニビルの関係

④ＥＤ-004『太陽の暗号』パート①
ＤＶＤ120分作品　7,800円（税込）

今、「太陽」が大変なことになっている
古代史、フリーメーソン、バチカンと「太陽」の関係
「日出る国」の日本人必見の最重要情報
「６６６」とは「太陽」のことだった！！
既存の常識を打ち破るエハンの代表作！！

■太陽系の99.8％は太陽が占めている
■エジプト人の太陽情報とツタンカーメン王
■マヤのパカル・ボタン王と太陽文明
■古代ギリシャの哲学にある「太陽のロゴス」
■黒点の長いサイクルと地球への影響
■電磁波の乱れでＤＮＡも変化する
■太陽と交信するシャーマンの実例
■インフルエンザと黒点活動の関係
■キリスト教は太陽信仰だった！？
■宇宙の秩序＝「ロゴス」
■太陽のキー・ナンバーはゲマトリアで「666」
■ローマ法王の法衣の袖に「太陽」が
■電気的宇宙と太陽の最新情報

⑤『パワーか、フォースか――人間のレベルを測る科学』ＥＤ-005
ＤＶＤ133分作品　7,800円（税込）

人間の意識レベルを測定する究極の科学
“キネシオロジー・テスト”とは何か？
「プライド」は「175」、「勇気」は「200」に過ぎない
エハン・デラヴィ氏による実演も収録！！

■デービッド・ホーキンズ博士とキネシオロジーの測定方法について（実技・実演あり）
■何が真実で、何が偽りなのか？
■意識のレベルを表す図面
■カオス理論とアトラクターパターン
■社会の意識層の秘密とは？
■「パワー」と「フォース」の違い
■パワーの源とは？
■意識のデータベースとは？
■スピリチュアル葛藤と人類の進化
■これからの人類の進化と宇宙のパワー
■続・太陽の暗号――その他

⑥『太陽の暗号②』ＥＤ-006
ＤＶＤ120分作品　7,800円（税込）

前回の『太陽の暗号』パート①が、あまりにも反響が大きかったため、エハンは太陽についての研究に全精神を注ぎ込み、前回を上回るスケールで、『太陽の暗号②』として、究極の第二弾を放った！！まさに“ラスト・サン”の時代を生きる私たちにとって必携のＤＶＤ

■メディアに騙されるな！！「911テロ」の情報操作の真相！！
■一千年ぶりの太陽活動の意味
■太陽とニビルとシリウス：進化の謎
■人間の遺伝子と電磁波（最近の研究では遺伝子数はマイナス１万個）
■内なる光と太陽の関係
■アンダイ周期十字架のメッセージ：ダブル・カタストロフ
■松果体とDMTと変態後の世界
■バイオコズム仮説の本当の意味
■数学の天才フランク・テイプラ博士とオメガ・ポイント
■電気の神秘とシリウス
■光の爆発：ラスト・サン⇒⇒その他、ブッ飛び情報炸裂します！！

⑦『キリストの知性分析と錬金術』(本書の基となった講演です)ＥＤ-007
ＤＶＤ120分作品　7,800円（税込）

ローマ法王死去後、世界は何かが変わった——。
既存の組織が意味を持たなくなるときが来るのか？
イエスキリストの知性分析と、聖書の意味。
本当にイエスは存在したのか？
大きく深い謎を、このＤＶＤで、エハンは私たちに問う。

■西洋の陰と陽
■グノーシスの伝統
■ダ・ヴィンチとマグダラのマリア
■キリストの教えと毎日の生活の共通点
■グノーシス対信仰
■キリストと太陽神の関係とは？
■独立個人の本当の意味とは？
■その他、渾身の研究内容が明かされる！！

⑧『ウィングメーカーの秘密』ＥＤ-008
ＤＶＤ「2枚組み」177分作品　10,500円（税込）

ついに180分（3時間）セミナーを開始したエハン・デラヴィ氏。
あの「ウィングメーカー」について、エハン的見地からの徹底解説。
た2012年アセンションについても詳しく言及する大ボリューム作品。
エハン史上空前のヒット作となった本作をぜひご堪能ください！！

■ウイングメーカーの謎：地球外生命体とのコンタクトか我々の深層意識からのメッセージか？
■ダマンウール地下神殿の“スーパー・ルネッサンス”と、エジプトとの関係とは？
■東西のタイム・トラベラー：神話に於け「時間のパズル」の謎とは？
■タイム・トラベルは可能か？——過去に戻ることはできない？
■宇宙の共通言語が人間の体内に存在する理由とは？
■“良からぬ宇宙人”ANIMUSとは？
■未来予言のソースは次元相違によるラグ（ズレ）が発生する
■人間の正体と時間の存在：究極の科学とウイングメーカーからのメッセージ！！
■なぜ2012年以降はリモート・ビューイング(遠隔透視）できないのか？
■ペルー・マチュピチュは多次元交流の意識変容センター！？
■マヤの「ツンのピラミッド」が示す人類の意識変化とは？

⑨『ガブリエル』ＥＤ-009
ＤＶＤ「2枚組み」179分作品　10,500円（税込）

大天使ガブリエルによる人類への直接的介入
多次元世界の存在を確信させる驚異の情報
ガブリエルから紐解く人類意識覚醒
ガブリエルは、あなたの隣にいるかもしれない！！

■古代文献“ＫＯＬＢＲＩＮ”に記された惑星Ｘ
■火星と月とは、超古代アンヌナキの前哨基地だった？
■3万年前、地球人類に何が起こったのか？
■人間の中には“多次元プログラム”が組み込まれている！！
■今、ＤＮＡ進化の最終段階に突入している！！
■世界を動かす三大宗教（イスラム教，キリスト教、ユダヤ教）共通のメッセンジャー“ガブリエル”とは何者か？
■京都・鞍馬寺とガブリエルの関係とは？
■「ALIENS問題」と「ANGELS問題」は、表裏一体の関係
■「UFO」と「MERKAVA」の決定的な違い
■“聖なる植物”と、多次元世界体験
■グラハム・ハンコックの最新作が伝えること
■日本は「未来のための国」だ
■終末論の終末を唱えるガブリエル……その他

⑩ＥＤ-010『サンダーボルト――神々が目覚める時』
2006年5月下旬発売予定の最新作！！
ＤＶＤ「2枚組み」180分（予定）作品　10,500円（税込）

エハン・デラヴィ氏の記念すべき第10作目！！新機軸としてエハンが厳選した海外の超最先端映像をＤＶＤプロジェクターを使い、同時通訳にてお伝えするというコーナーもあり。また「電気的宇宙論」について、これまでエハンが世界中から資料やデータ、そして科学者たちとコンタクトを取ってきた内容を凝縮し、まさに集大成的なセミナーとなる模様。ラスト1時間は圧巻！！

■古代人が目で見た「巨大稲妻」とは？
■ヴェリコフスキ博士と人類の集合無意識のトラウマとは？
■ベルギーの研究家による「太陽の運命」とニビルの最新情報
■アセンションと光
■「Pistis Sophia」とグノーシスの先端情報
■これからの黒点活動：極大期の２０１２年に向けて！！
■この他にも最新最先端の研究報告をお届けいたします！！